● 牛津通识 ○ 传记

A Very Short Introduction

甘地

[英]比库·帕雷赫
(Bhikhu Parekh)／著

徐钟瀚／译

中信出版集团｜北京

图书在版编目（CIP）数据

甘地 /（英）比库·帕雷赫著；徐钟瀚译. -- 北京：中信出版社，2024.4
（牛津通识. 传记）
书名原文：Gandhi: A Very Short Introduction
ISBN 978-7-5217-6299-0

Ⅰ. ①甘… Ⅱ. ①比… ②徐… Ⅲ. ①甘地 (Gandhi, Mohandas Karamchand 1869–1948) －传记 Ⅳ. ①K833.517=5

中国国家版本馆 CIP 数据核字（2024）第 006563 号

Copyright © Bhikhu Parekh 1997
Gandhi: A Very Short Introduction was originally published in English in 1997.
This translation is published by arrangement with Oxford University Press.
CITIC Press Corporation is solely responsible for this translation from the original work and Oxford University Press shall have no liability for any errors, omissions or inaccuracies or ambiguities in such translation or for any losses caused by reliance thereon.
Simplified Chinese translation copyright © 2024 by CITIC Press Corporation
ALL RIGHTS RESERVED
本书仅限中国大陆地区发行销售

甘地

著者： ［英］比库·帕雷赫
译者： 徐钟瀚
出版发行：中信出版集团股份有限公司
（北京市朝阳区东三环北路 27 号嘉铭中心　邮编　100020）
承印者： 河北鹏润印刷有限公司

开本：787mm×1092mm　1/32　　印张：5.75　　字数：92 千字
版次：2024 年 4 月第 1 版　　　　印次：2024 年 4 月第 1 次印刷
京权图字：01-2024-0567　　　　　书号：ISBN 978-7-5217-6299-0
定价：45.00 元

版权所有·侵权必究
如有印刷、装订问题，本公司负责调换。
服务热线：400-600-8099
投稿邮箱：author@citicpub.com

目 录

001 第一章
生平和工作

045 第二章
宗教思想

065 第三章
人性

085 第四章
非暴力不合作

105 第五章
对现代性的批判

123 第六章
非暴力社会的愿景

147 第七章
批判性欣赏

167 致谢

169 文献背景

175 插图来源

177 延伸阅读

第一章

生平和工作

1869年，莫罕达斯·卡拉姆昌德·甘地出生于沿海城镇博尔本德尔。这里曾经是印度众多土邦之一，现在属于古吉拉特邦。尽管甘地（这个姓的本意就是杂货商）是商人种姓，但这个家族已经升到非常重要的政治地位。甘地的父亲是博尔本德尔的首席行政长官和法庭成员，而他的祖父在毗邻的朱纳格特土邦担任同一公职。

甘地在不拘一格、宽容多元的宗教环境中长大。他的父母都是印度教毗湿奴派的信徒。他的母亲属于普拉纳米派，这个教派将印度教和伊斯兰教信仰结合起来，既信奉毗湿奴派典籍，也推崇《古兰经》，宣扬宗教和谐。她一生恪守宗教戒律和誓言，从无例外，给儿子留下了持久而深刻的印象。甘地的父亲有很多践行严格的非暴力和自律教义的耆那教徒朋友。甘地也接触过基督教传教士，但基督教对童年时期的甘地影响不大。和许多印度教徒一样，他不自觉地吸纳了各种宗教信仰，但对任何宗教传统都缺乏深入的了解，包括他自己信仰的宗教。

图1　1942年的甘地

甘地是一个腼腆的普通学生,他以中等成绩完成了学业。在 13 岁的时候,他与同岁的嘉斯杜白结婚,早婚的经历让他成为坚定的童婚反对者。不过可以理解的是,他在年轻时沉迷于性事。16 岁那年的一天晚上,甘地抛下奄奄一息的父亲,选择与妻子共度良宵。就在这短暂的分离期间,他的父亲去世了,这让他深受打击。尽管许多评论家都用这次意外来解释他对性的敌意,但并无实据。在自传里,甘地仅仅说这件事让他产生了深深的"耻辱感"。此外,在随后的数年里,他继续享受妻子的陪伴,并且养育了四个儿子。直到他父亲去世将近 16 年之后,他才真正关注独身主义。尽管内疚感起了一定的作用,但他独身的真正原因应该是希望为随后开始的重要政治斗争保存体力和精神力量。

甘地在母亲面前发誓自己会戒酒、戒色和戒除荤腥,随后于 1888 年前往英国深造,致力于成为一名律师。起初,他像一名英国绅士一样生活,买了一套晨礼服、一顶大礼帽和一根银头手杖,也参加了舞蹈、演讲术和小提琴课程。随着钱被花光,并且险些陷入性诱惑,甘地的理智逐渐占据上风,他转而关注英式生活更严肃的方面。像其他许多殖民地领袖一样,他或多或少同时探索着东西方，而且发现二者存在相通之处。他广泛地阅读英国和欧洲其他地区的法律与政治文献，与神学家交流，研究基督教，发现自己有些不能认同《旧约》，但深受《新约》感染。他还阅读了有关自己的宗教传统的著作，尤其是《薄伽梵歌》和埃德温·阿诺德的《亚洲之光》，这为他打开了印度教和佛教哲学之门。甘地于1891年6月取得律师资格，两天后回到印度。

图2　1890年在伦敦的法学生甘地

然而，甘地在印度的法律事业不尽如人意。他在法庭上太腼腆，以至于无法开口说话，不得不让同事代读他的第一份诉状。于是，甘地转岗起草申请书以维持生计。然而，他对这份工作兴趣寡然，而且觉得律政工作令他生厌。当南非的一家穆斯林公司聘请他担任律师和通信办事员时，他欣然接受。1893年，甘地启程前往南非，打算待上一年，殊不料却在那里停留了21个春秋。

在南非

对甘地来说，南非是他生命中的一个转折点。南非使甘地面临许多不寻常的经历和挑战，并深深地改变了他。到达南非后不到一周，甘地的人生轨迹就为之一变。在从德班去比勒陀利亚时，他因为胆敢乘坐头等车厢而在半夜被从火车上扔下来，不得不哆哆嗦嗦地在彼得马里茨堡站的候车室里挨过一夜。在返回印度和留下来为自己的权利而抗争之间，心烦意乱的甘地选择了后者。第二天，他顺利前往查尔斯敦，但载他去约翰内斯堡的马车夫拒绝让他坐进车厢，而是让他坐在自己旁边。甘地勉强同意了。后来，他被要求坐到地板的垫子上。甘地深感不公平而拒绝，于是马车夫开始殴打他，并试图把他推下车，直到其他乘客救了他。几个月后，经过总统克留格尔在比勒陀利亚的府邸时，甘地被一名哨兵踢到了水沟里。

从19世纪60年代开始，印度人作为在甘蔗和咖啡种植园工作的契约劳工移民到南非，遭受了各种侮辱和歧视，特别是在印度移民集中的纳塔尔和德兰士瓦。1894年4月，当甘地准备启程返印，永远离开南非时，纳塔尔的立法机构正在讨论印度裔特许法案，试图剥夺南非印度裔的投票权。甘地的穆斯林雇主劝他留下来领导抗争，他爽快地答应了。甘地组建了纳塔尔印度人大会，他的抗争活动在一定程度上成功地降低了法案的严酷程度。但是，他关于反对移民限制和歧视性的特许经营法案的抗争活动就没那么成功了。他越来越强烈地控诉道，宪法压力、请愿和理性劝说对"有偏见的"思想没有任何影响，他不知道还能做些什么。

几年后，甘地找到了答案。1907年，当德兰士瓦通过法案，要求所有印度人注册登记并录制指纹，赋予警察进入印度裔居民房屋、检查居民是否登记在案的特权时，甘地想到了后来广为人知的"萨蒂亚格拉哈"（satyāgraha一词的音译，即坚持真理的斗争方式，他当时称之为"非暴力不合作"）的方法。这是非暴力抵抗的一种形式，包括对登记中心进行和平示威、焚烧登记卡、寻求逮捕，以及平静地接受处罚。甘地的抗议导致了当局的一些让步，但并没有达到他的初衷。他随后发起另一场"萨蒂亚格拉哈"运动，这次是印度裔妇女和矿工对当局征收人头税、拒绝承认印度式婚姻、移民法规和契约劳工制度的抗议活动。这次取得了更大的成功，由此，1914年通过了《印度裔救济法》。

在长达21年的南非生活中，甘地的思维方式和生活方式发生了巨大转变。的确，这两者对他来说不可分离。对他来说，除非付诸实践，否则思想没有任何意义。生活亦是肤浅的，除非它能反映深思熟虑后的愿景。当产生新的思绪时，甘地就会扪心自问，是否值得为之奋斗。如果不值得，他就不再关心。但如果答案是肯定的，他就会将其融入自己的生活方式，"实践"它的"真理"，探索它的道德逻辑。这种做法深深影响了他对书籍的态度。他阅读得很少，只读有实际价值的东西。但是当一本书抓住了他的想象力时，他便会沉浸其中，深刻领会，并将中心思想付诸行动，"从真理走向真理"。他主要阅读宗教和道德文学著作，包括柏拉图的《苏格拉底的申辩》以及威廉·索尔特的《道德的宗教》(1889年)，他将前者翻译成他的母语古吉拉特语，也以母语总结了后者的大意。在他旅居南非期间，对他影响深远的三本书分别是亨利·梭罗的"大师级巨著"《论公民的不服从》(1847年)；令他"欲罢不能"的托尔斯泰的《天国在你心中》(1893年)，他声称，在这本书中，他第一次发现了非暴力和爱的教义；约翰·拉斯金的《给后来者言》(1862年)，其"神奇的影响力"是他生命中的"转折点"。受到拉斯金的启发，甘地决定过一种简朴的群体生活，起初在纳塔尔的凤凰农场，后来在约翰内斯堡郊外的托尔斯泰农场。

> 这本书(《给后来者言》)一旦开始阅读就无法搁下。我发现了一些最深刻的信念。约翰内斯堡到德班是24个小时的路程。火车晚间到达。那天晚上，我彻夜难眠，决心按照书中的理想改变自己的人生。

在此期间，甘地开始了一系列涉及节食、育儿、自然疗法，以及他的私人生活和职业生涯的实验。在给他留下深刻印象的一本医学书的影响下，他甚至亲自接生了他的第四个儿子。他坚信,一个政治领袖必须保持道德纯洁,因此开始了个人道德养成计划。甘地持续受到无处不在的基督教传教士的挑战,对方要求他令人信服地解释并捍卫自己的宗教信仰或者皈依基督教,这常常令他感到迷茫。印度教中"我"和"解脱"的概念令他大惑不解,所以他不得不写信给身在印度的导师赖昌德巴伊,寻求解惑和指引。甘地是在南非期间在对抗性情境下了解自己的宗教的,无法接触丰富而鲜活的印度教传统,因此他的宗教知识主要基于阅读和反思,不免肤浅而抽象。像他生命里的其他许多事情一样,他形成了自己的印度教思想,既有优点,也有不足。

在南非,甘地结交了不少犹太人密友(其中一人为他购买了1 100英亩①的托尔斯泰农场),并且获得了他尚未接触的唯一一种主要宗教的信仰习俗的大量知识。他将犹太人称为"基督教的贱民",就像印度教眼中的贱民一样,其遭受的迫害源于对一个伟大宗教的严重篡改和误读。甘地也交到了亲密的基督教朋友,尤其是英国传教士C. F. 安德鲁斯(1871—1940),甘地说没有人能比安德鲁

---

① 1英亩约为4 046.86平方米。——编者注

斯更让他感到"深深的依恋"。在他们的影响下,甘地重新开始了对基督教的研究,并将基督教的几个方面融入他一再重新定义的印度教理论,尤其是耶稣受难被钉上十字架的形象所表达的受难之爱的观念。这个形象伴随了甘地一生,成为他最深沉的激情的源泉。1931年访问位于罗马城内的梵蒂冈时,甘地就在耶稣受难像前潸然泪下;在塞瓦格拉姆的静修院光秃秃的墙面上,甘地只悬挂了耶稣受难像;艾萨克·瓦茨的《我每静念那十字架》动人地描绘了基督的悲伤和牺牲,并以"爱既如此奇妙、深厚,当得我心、我命、所有"结尾,这是甘地最喜欢的赞美诗之一;在甘地生命中的许多至暗时刻,他都以十字架上基督的形象表达了他的痛苦。

在南非,甘地获得了政治技能并吸取了一些经验教训。回到印度后,其中一些对他有益,但另一些则对他造成了损害。他深知新闻报道的价值,并利用了《印度舆论》周刊来传播他的思想。他也看到他的同胞变得士气低落,无法采取一致行动。他们没有奋起捍卫自身权利,而是希望坐享其成,同时通过贿赂政府官员规避歧视性法规。不出所料,甘地一再斥责他们,敦促他们"反叛"自己,并警告他们,"行为如同虫豸的人不应责怪他人的践踏"。甘地也学会了自我投射和建立政治网络的艺术。他写信给包括托尔斯泰在内的有影响力的海外人士介绍自己的工作，千方百计地结交重要的印度和英国领袖，并且确保他的活动在印度和英国得到很好的报道。在南非，他毫不费力地将印度教商人和穆斯林商人团结起来，他们当中的许多人有共通的语言和文化。他概括了这一经历，既低估了印度国内这两个族群之间的隔阂，又夸大了自己弥合这种隔阂的能力。

回到印度

甘地作为一个缺乏安全感、胆小且并不成功的律师去了南非。但他于1914年离开南非回到印度，成为一个自信、自豪、虔诚的著名政治领袖。他离开南非的原因并不完全清楚。尽管甘地不以为然，但他在南非获得的成功寥寥无几，而且他肯定知道自己已经触到天花板。相比之下，他在印度名声大噪，而且建立了广泛、有效的人脉，他可能也认为自己在印度可以大放异彩。不论具体原因，甘地带着一种新的行动方法和一个长期思考的印度复兴计划回到了家乡。当时的甘地还是大英帝国的狂热支持者。他认为大英帝国会支持令他理所当然地"坠入爱河"的伟大理想，让他可以无阻碍地去往英国和南非，并让他接触许多新的生活方式和思维方式。不出所料，他敦促在伦敦和印度的同胞支持一战中的英国，于1914年在伦敦组建了一支救护队，并于1918年在印度为英军招募新兵。尽管他是非暴力的拥护者，但他坚持认为，他对帝国的忠诚要求他在帝国需要时给予全力支持。

抵达印度之后，遵照他的"政治导师"、伟大的自由主义领袖戈帕尔·克里什纳·戈卡尔的建议，甘地"勤听、谨言地"周游全印，以了解阔别20多年的祖国。他的观察使他得出了两个重要的结论。首先，虽然独立并没有被提上议事日程，但是对压迫日益严重的殖民统治的反对与日俱增，对代议制的呼吁深入人心。1885年成立并由中产阶级专业人士主导的印度国民大会党使用的"乞求"和"自我贬抑"的方法被证明是无效的，而恐怖主义运动取得了一定的进展，他在伦敦求学期间第一次遇到了它的发言人，在随后对英国的几次访问中与其辩论了暴力伦理问题。甘地和后者一样焦躁，也钦佩其勇气和爱国主义，但是基于道德立场和审慎的态度，他强烈反对其暴力行径。暴力本质上是邪恶的，对被殖民统治者缴械的人民来说，那不是一个可行的选择,也不太可能提升群众的道德勇气、文化自信和协调行动能力。甘地认为,他在南非提炼和发展的非暴力不合作思想才是解决印度问题的最优方案。

其次,甘地对印度的研究使他确信,印度当时处于一个"堕落"的状态。他在南非也注意到了这一点,并在他的第一本书《印度自治》中提及,这本书系统分析了印度的困境及其解决方案。由于长达好几个世纪的外邦统治,印度人已经出现了严重隔阂、对种姓制度的固守、循规蹈矩、脆弱、自私、好争辩、懦弱、士气低落,并且缺乏社会良知和公民美德。除非这个国家经历振兴和"重生",否则它既不能赢得也不能维持独立。因此,甘地制定了一份全面的国家复兴纲要,他将其恰当地称为《建设性纲领》。它的内容有着明显的甘地风格,包括大小事项,涵盖生活的不同领域,一些计划主要因其象征价值而被选中。其中包括促进印度教徒和穆斯林团结统一、取消贱民制度、禁酒、使用手纺布、发展乡村工业、推行以手工艺为基础的教育等"不可或缺的"建议。它还包括妇女平等、健康教育、使用本土语言、推选一门通用的国家语言、经济平等、建立农民和工人组织、让部落居民融入主流政治和经济生活、为学生定制详尽的品行规范、帮助麻风病人和乞丐、培养对动物的尊重。

尽管其中有些提案十分琐碎，但没有一项是毫无价值的。比如说，手纺布的使用旨在生产一种全国性的制服，以及在这个高度不平等的社会中创造至少表面如此的平等，形成一种能让穷苦大众团结的景象，同时对英国政府造成经济压力，减少进口商品。使用本土语言旨在弥合大众与西化精英之间仍在不断扩大的巨大鸿沟，确保文化连续性，鼓励思想和行动的真实性，并打造集体自我表达的本土工具。发展乡村工业旨在帮助乡村的穷人，确保他们按劳分配，限制他们向城市迁移，最重要的是，维持甘地认为的印度文明必要的社会和地理基础。

对甘地来说，经过周密思考的非暴力不合作思想和精心策划的《建设性纲领》，尤其是后者，是印度道德复兴和政治独立的关键。在将近30年的时间里，他一心一意地将所有精力都投入这两个方面。他需要一个具有互补才能的男女组成的团队，并巧妙地建立他们的身份，培养他们，将他们的才能融合。有时他接纳整个家庭，利用家庭成员的关系加强彼此之间对他的事业的承诺，他甚至成为他们的名誉长老，解决内部压力，尤其是对妇女和年轻人施加强大的情感影响。他巧妙地将各个家庭联系在一起，建立了一个紧密联系的国家网络，而他本人就是这个网络中受人敬仰的领袖。由于他需要一本期刊来用自己的话表达自身主张，他就创立了《新生活》并成为其编辑，后来又创立了《哈里真》。他需要资金，因此他结识并精明地管理着印度6位最富有的实业家。他需要唤醒和团结他的同胞，因此他发起了一系列精心策划的非暴力不合作运动，对目标受众而言，每次运动都深入人心。他需要一个强大的组织，因此他自下而上地重建了印度国民大会党。

最重要的是，甘地需要发动群众。经过长时间的反思和实验，他发展出了一种独特的话语方式，它也是一种实践形式。他深信人类行为从"心"获得情感力量，而"心"只能通过明智选择的符号来表达和激活，因此他发展出了一系列强大的具有文化意义的符号，包括纺车、手纺布、牛和"甘地帽"（一种因他而广为人知的白色棉帽）。例如，甘地要求每个人都使用的纺车有几种象征意义。这是一种温和地反抗现代技术文明，强调印度农村生活模式的尊严的方式。它团结了城市和乡村、西化精英和大众，是"他们友谊的象征"。纺车也确立了体力劳动和从事体力劳动者的尊严，挑战了鄙视两者的印度传统文化。它象征着社会同理心，因为那些不需要纺织品收益的人被敦促将这些纺织品赠送给有需要的人，这是一种比捐赠金钱更高尚的道德行为。它还迫使每个人在白天至少有一段时间独处，并保持沉默。甘地不仅发展出无数诸如此类的符号，而且自己成了一个符号。他的着装、语言、演讲方式、饮食、肢体语言、坐和走路的方式、谈吐方式、笑声、幽默感，以及拐杖，部分出自有意识的设计，部分则是他的整体生活方式的自发表达，它们都成为特定生活方式的符号。每一个都唤起了深刻的文化意义，意味深长，并传递了高度复杂的信息。

甘地的符号不仅激发情感，他也为它们提供了理性辩护；它们并不神秘晦涩，而是源自普通印度人的日常生活。它们同时吸引头脑和心灵、兴趣和文化记忆、现在和过去，并旨在接触他的同胞的"整体存在"，调动他们的道德能量。它们以自己的方式创造了一种新的美学和一种殖民政府无法进入的私人化的公共世界。在甘地之前，没有任何领袖能制定出如此清晰、全面而有力的行动战略，也没有人拥有他强大的自信心或他的组织和沟通技巧。在将近四分之一个世纪的时间里，他对印度的政治生活产生了无与伦比的影响，这不足为奇。

对甘地来说，争取政治独立的斗争必须与争取印度复兴的更伟大的斗争齐头并进，前者甚至就是后者的一部分。如果政治独立成为唯一重要甚至是两个目标中更为重要的那个目标，国家就将面临为了自身利益而重视政治权力、鼓励仕途主义、使公职人员地位高于基层工人等风险。甘地的观点尽管自有可取之处，但也给他带来了问题。争取独立和道德复兴的斗争有不同的逻辑，有时会发生冲突；争取独立的斗争既涉及非暴力不合作，也涉及在殖民地国家提供的代议制机构内开展工作，而这些有时会南辕北辙。许多印度领袖并不赞同甘地对道德复兴和《建设性纲领》的重视，并且持相反观点，认为政治独立是道德复兴的必要条件，必须放在首位。虽然甘地从非暴力不合作思想对印度社会的影响及其复兴的角度来看待它，但这些印度领袖是根据非暴力不合作思想如何影响传统政治，并进一步推动传统政治对代议制机构的需求来看待它的。此外，由于甘地并没有弄清楚传统政治、非暴力不合作和《建设性纲领》的关系，而且常常由于形势不同而随时对其重新定义，他的整体战略仍然有一些不连贯，所以他的领导理念偶尔反复无常、不可预料。

　　甘地清楚地知道这一点，并且试图接受它。他认为，不同的人拥有不同的才能和性情，适合不同的工作。一些人很乐意做建设工作，另一些人更乐意参与非暴力不合作运动，还有一些人更适合传统政治。政治斗争应该适应这种多元化，让每个人都能自由地做自己最擅长的事。这既给人一种个人成就感，又确保了必要的分工，这正是印度独立和复兴的伟大任务所需要的。至于他自己，甘地认为他最适合建设工作，其次是非暴力不合作运动，但他对传统政治的相关工作感到很不自在。因此，他专注于前两个，而将最后一个留给适合它的人。尽管传统政治不能轻易脱离前两者，但这是明智的妥协，而且效果相当好。这也意味着，甘地与国民大会党的关系仍然松散且不稳定。国民大会党保留了相当大的自主权，绝不仅仅是他个人意志的工具，而他保留了行动自由，不仅仅是国民大会党的领袖。

尽管甘地在印度的非暴力不合作运动的总体格局承袭了南非时期的非暴力抵抗运动，但正如我们之后看到的一样，他也带来了一些变化，以适应新的情况和需要。禁食便是其中之一，而且这成为他一生中饱受争议的话题。出于稍后将会讨论的原因，甘地的禁食毫无疑问不是绝食，不是道德和情感勒索的形式，也不是唤起和利用他人怜悯的方式，而是自我牺牲的形式，代表了一种极尽道德的行动方法。过去的经历使他相信，人类的行为是从"头脑和心灵"中产生的，仅仅通过布道和争辩是无法摆脱人们在具有巨大道德重要性的问题上的自满情绪的。必须触动他们的心，激活他们的良知，而禁食是最有效的方法之一。正如甘地对它的性质和机制的理解，禁食的理念有两个不同的来源：印度教的"苦行"实践和主要来自基督教的受难之爱的观念。禁食是一种自我强加的苦行，旨在净化自己并激发受众的良心。

独立运动的领袖

得益于在南非广受欢迎的工作，以及在1917年和1918年成功领导坚巴兰和盖拉（凯达的旧名）的非暴力不合作运动，在1918年领导艾哈迈达巴德纺织工人罢工，甘地在返回印度后不足4年就成为一位有影响力的国家领袖。他富有道德感的言语、复杂的个性、清晰的视野、对充满文化色彩的符号的使用、礼貌的举止、巨大的自信，以及与现存掌权者抗衡的勇气都给他的同胞留下了深刻的印象，引起他们的兴趣，使他的个人魅力陡增。当不受欢迎的《罗拉特法》在1919年3月通过，并且有的放矢地针对"革命阴谋"，继续对公民自由进行战时限制时，甘地满怀自信地认为当年应该发动第一场全国性的非暴力不合作运动，包括有效的全国范围罢工和大规模示威。但出乎他的意料的是，这场运动因纵火、抢劫和针对一些英国人的暴力案件而深受挫折。甘地将其描述为他的"喜马拉雅式误判"，并紧急叫停了抗议示威行动。3年后，他在另外一个场景里重复了这场全国性非暴力不合作运动。他丝毫没有因为对公众羞辱或失去道德权威的恐惧而感到困扰，因为承认错误比牺牲自己的原则"更光荣"，而且无论如何，"道德权威永远无法通过努力固守来维系"。

暴力活动仍然持续发生，殖民地政府早已在旁遮普省禁止了所有公开集会。1919年4月13日，在阿姆利则的札连瓦拉园集会时，戴尔准将命令他的部队在没有事先警告的情况下向手无寸铁的人群开火，造成379人死亡，1 137人受伤。这一事件以及随后亨特委员会宣布戴尔无罪，使大多数印度人觉得殖民统治暗无天日。甘地在写给总督的信中说，他对殖民政府"既不尊重也不……喜爱"。几个月后，他写了3篇重要的文章，宣布发起反抗运动是一项"义务"，并要求结束英国统治。

甘地在1920年发起了不合作运动，该运动持续了两年之久。这场运动受到极其简单但危险的想法的启发，即由于殖民地国家的延续源于其臣民的合作，如果他们撤回支持，并建立替代机构来填补真空，殖民政体就会瓦解。甘地承诺，如果不合作运动在印度全境推广，印度"在一年内"就会独立。它会分成几个阶段进行，包括抵制政府服务、拒绝殖民机构管理的法院和学校的服务、拒绝纳税和服兵役，以及焚烧进口布料。人们对甘地的提议感到不安，不仅因为他们认为甘地的想法不切实际，还因为它具有反国家主义和准无政府主义的意味。甘地再次表示，不合作运动是展示殖民国家是纸老虎，而印度的普通民众在助纣为虐的一种方式，也是在大众基础上重建新国家的方式。他主张焚烧进口布料的想法亦引起了诸多不安，包括印度桂冠诗人拉宾德拉纳特·泰戈尔在内的一些人怀疑，甘地在煽动狭隘的民族主义甚至仇外心理。甘地强烈反对这一指控。洋布象征着炫耀财富、对外国事物的"迷恋"、将服饰作为西方身份的标志，以及殖民宗主国的经济统治。焚烧洋布就是"清除"或"净化"自己所拥有的这一切。这一行为还具有建立本土产业、培养大众文化自信和打击英国经济利益的优势。

因为领导了不合作运动，甘地于1922年3月被捕并受审。他通过拒绝接受审判逻辑，以独具特色的方式推翻了审判。他并没有聘请律师，而是独自面对检察官，这象征着印度在一个组织严密的殖民国家面前作为从属国的无奈。他亦没有自辩，不仅认罪，甚至要求法官考虑一些被忽略的罪证材料。他把针对他的审判变成了针对殖民统治本身的审判，利用这个机会解释了他为什么"从一个坚定、忠诚的合作者"转变成了"一个毫不妥协的反对者和不合作者"，并且暗示，监禁像他这样的人的统治体系存在严重错误。甘地最后向法官提出了一个道德困境：如果法官赞成现行制度，他就有责任对甘地施加"最严厉的惩罚"；如果他对甘地感到不安，他就有责任谴责这个制度并辞职。

深受感动的英国法官挺身而出。他向甘地鞠躬，并说甘地"与我审判过或可能不得不审判的任何人都不同"。他不情愿地判处甘地6年监禁，并说如果政府出于某些原因提前释放甘地，没有人会比他"更高兴"。甘地的回应则是感谢法官以最彬彬有礼的方式对待他，并在这种情况下判处了"最轻的刑罚"。这次审判是英国殖民历史上一个意义非凡的时刻，它突出了甘地的行事风格、英国统治的正派，以及处理关系时双方流露的绅士风度。值得注意的是，殖民政府再也没有审判过甘地，尽管的确多次监禁他。

不合作运动引起了英属印度政府的注意，并使政治独立成为一个广泛共享的国家目标。它激励了大量印度人，将他们拉入政治生活，并扩大了国民大会党的组织范围和社会基础。这也导致大量志愿机构的出现，极大地扩大了公民空间，削弱了殖民国家的道德约束力。然而，它未能通过建立一个替代国家来实现使殖民政府瘫痪的基本目标。只有少数人响应那会导致他们前程尽毁的呼吁，对西方制度的反抗也几乎不被认同。毫不稀奇地，抵制公立学校的学生陆续返校，律师也恢复了执业，有影响力的民族主义领袖和团体也坚持参与市、省和国家的立法机构的运作。与甘地预估的相反，这场运动不知不觉地疏远了许多穆斯林。他们的中产阶级不愿意放弃来之不易的事业或者放弃大学教育。当国民大会党人穆罕默德·阿里试图关闭阿里格尔的穆斯林学院时，他遭到了学生家长和学院受托人的阻止。事实上，许多穆斯林认为甘地的计划是印度教的阴谋，试图阻碍他们的进步！

甘地因为健康问题提前出狱。他于1924年当选为国民大会党主席，这是他唯一一次担任党派职务。他对日渐分裂的印度社群深感担忧，特别是印度教徒和穆斯林族群的隔阂，不合作运动不仅凸显了这种隔阂，更在某些情况下使隔阂变得更大了。他善意但不明智地支持穆斯林领袖反对英国于1919年废除土耳其哈里发的运动，而这种支持也没有促进族群间的团结。相反，这强化了穆斯林神学家的控制，疏远了穆罕默德·阿里·真纳和其他世俗穆斯林领袖，鼓励了泛伊斯兰主义，并激起了印度教徒对穆斯林不忠的怀疑。于是甘地决定解决印度教徒和穆斯林的团结问题，并于1924年开展了为期21天的禁食，以在他们之间建立"相互尊重和宽容"的态度。除了将这个问题置于国家议程的重要位置，并鼓励了一些印度教徒与穆斯林合作，他的禁食实际上收效甚微。

甘地觉得有必要专注于他的《建设性纲领》，以建立印度人反抗殖民统治所需的团结和自信，并最终维持他们的独立。于是，他转而致力于提高妇女地位、消除贱民阶级、鼓励家庭手工业、推广纺车、普及方言土语。他决定在1926年全年静默，把时间用于冷静反思、社会工作和保存情感能量。他一直相信沉默的再生力量，多年里，他将周一当作静默日，实在不可避免时，才用铅笔头潦草笔谈。正如他在1928年5月写给B.C.罗伊的信中所说的那样：

> 我在等待时机,你会发现,当国家准备好时,我会领导国家的政治。我没有虚伪的谦虚。毫无疑问,我以自己的方式成了一名政治家,我对国家的自由有着自己的计划。但我的时机还没有到来……

1930年,甘地的时机到来了。从20世纪20年代中期开始,恐怖主义和工人武装斗争呈上升趋势。事实证明,1919年以来建立的代议制机构让人失望,它们的权力受到严重限制,而且资源匮乏。不断恶化的世界经济形势影响了印度,并导致印度国内相当大的动荡。甘地感觉"空气中弥漫着暴力",某种形式的公民不服从是必要的,这不仅是因为形势需要,而且可以为日益增长的不满情绪提供安全阀,避免国民大会党内部的分裂。然而他担心在印度国民目前的情绪下,即使是最和平的反抗也有可能演变成暴力。在"日思夜想"之后,甘地于1930年决定发起非暴力不合作运动,以抵制政府对食盐征税的决议。抗议活动涉及在海边制盐的违法行为。正式地说,这是属于他个人而非国民大会党的非暴力不合作运动,仅限于他自己和一些他精挑细选的同伴,并且所有人都承诺,他们不仅同意非暴力运动是务实的,而且将它视为一种信仰,即使在最大的挑衅之下也会坚持下去。甘地之所以选择食盐这个问题,是因为它影响了所有的印度人,团结了印度教徒和穆斯林,对穷人的影响最大,并且凸显了英国统治的不人道。由于在海边制盐所产生的收入对政府来说微不足道,抗议活动不太可能激起英属印度政府严厉的报复行为。

与代表不同地区和宗教的 78 名男性同伴一起,时年 61 岁的甘地开始了他为期 24 天的南征,前往 241 英里[①]以外的海岸村庄丹迪。这让人想起 1913 年他在两千多人的陪同下进入德兰士瓦的 5 天行军。他每天走 10~15 英里,所经村庄的数百人会为他欢呼,有时甚至加入他的队伍,他们拿着《薄伽梵歌》的副本,引用它和《圣经》的内容,并通过将甘地和基督两者与当局的对抗相提并论来羞辱基督教政府的良知。在全印度的鼓励和全球媒体报道他的日常进展的情况下,甘地终于在 4 月 5 日到达丹迪。凭借一位伟大政治家的精湛的表演技巧,他公然蔑视政府的禁令,抓起了一把盐。印度的海岸和众多的内湾沿岸成千上万的人,

---

① 1 英里约为 1.61 千米。——编者注

主要是农民,开始效仿他的做法,非法制盐。他们遭到殴打,有时甚至是非常残忍的肉刑,其中包括甘地在内的6万人被捕,监禁时长各有不同。食盐进军的非暴力不合作运动使印度人相信殖民统治是脆弱的,只要他们有必要的意志,他们就可以结束殖民统治。它向英国政府发出了类似的信息。它显示了殖民政府的不人道,还使印度独立的斗争国际化,使英国政府面临相当大的来自世界的压力。

图 3　1930 年 3 月 12 日"食盐进军"中的甘地

1930年的非暴力不合作运动导致了伦敦的协商会议,甘地在上次离开伦敦17年后,于1931年9月抵达伦敦。作为一个受欢迎且备受追捧的人物,他会见了许多意见领袖、牛津学者、宗教人士，甚至包括萧伯纳和卓别林。他访问了英国的不同地区，包括兰开夏郡，在那里，他为抵制英国布料、损害了英国织造业的利益而向纺织工人道歉，并请求他们同情和理解。他对《曼彻斯特卫报》的C. P. 斯科特进行了一次"令人永生难忘"的访问，该报被称为英国"最公正和最诚实的报纸"。他在白金汉宫觐见了国王，身着他在1922年所采用的作为他认同穷人的标志的缠腰布，将他曾在英国披的用以御寒的披肩搭在肩上。当一名记者评论他衣着简陋时，他回答道："国王穿的够我俩穿了。"一年后，温斯顿·丘吉尔称他为"半裸的苦行僧"时，甘地感谢他的"赞美"并写道，"虽然还不是，但他很想成为一个全裸的苦行僧"。

然而，在会议室里，甘地的影响力就有限得多，部分原因是他在正式集会上总是局促不安，也有部分原因是他并没有认真对待协商，还有部分原因是他在那儿并没有如他自己认为的一样被视为印度人民的最高代表，而是被视为要求受到英国政府关注的众多印度社群领袖之一。谈判涉及调和相互冲突的利益，甘地觉得这种谈判有些乏味。随着谈判的进展，他再次意识到，如果印度要赢得独立，他就需要争取少数族群社区的支持，尤其是"贱民"和穆斯林。两者对甘地来说都是烫手山芋，而后者的问题远比前者的难解决。

在伦敦谈判期间，"贱民"的领导人要求建立一个独立的选区，就像 1909 年以来穆斯林群体和 1919 年以来锡克教徒、欧洲人和其他群体所享有的权利一样。它涉及每个社区投票选出自己的代表。许多殖民地行政官，包括 1918 年《蒙塔古-蔡姆斯福德报告》的作者，都认为独立的选区"会引起分裂"，并且是共同公民身份"非常严重的障碍"，但殖民政府保留了独立选区并不断扩大它们以赢得少数族群的忠诚和支持。甘地在伦敦会议期间和会后以最强烈的措辞抗议把选区扩大到"贱民"群体。在他看来，与其他少数族群不同，"贱民"是印度教社会的一部分，给他们建立单独的选区将延续他们"贱民"的地位，并免除种姓印度教徒反对贱民习俗的道德责任。政治算计也不是甘地没想到的，因为独立的选区会削弱印度教徒多数族群的人数优势，鼓励少数派联盟反对它，并进一步分裂国家。甘地不介意为"贱民"保留席位，包括种姓印度教徒在内的所有人都可以为其投票，但他不能支持他们设立单独的选区。

当英国政府无视甘地的抗议，在 1932 年 8 月的《社群裁决》中设立了独立选区时，身陷囹圄的甘地唯一可以采取的行动便是禁食。"贱民"领袖安贝德卡谴责禁食为"政治噱头""卑鄙邪恶的行为"，但包括泰戈尔在内的大多数印度教徒认为禁食是完全合理的。安贝德卡经过5天艰苦的谈判，最后达成了折中方案。对独立选区的要求被取消，作为回报，"贱民"获得了比《社群裁决》给予他们的更多的预留席位，以及用于提升他们教育水平的特别资金。甘地意识到印度教"正处于活火山爆发边缘"，并以比以往更大的热情和决心投入他的反贱民阶层工作。

最后的斗争

印度教徒和穆斯林的关系则没有如此令人愉快的结果。在20世纪30年代，这两个群体的关系就很紧张，但并没什么可担心的。甘地认为他在个人和政治层面为将两个群体团结在一起做了很多工作，一旦实行"分而治之"政策的殖民政府倒台，情况就会好转。国民大会党得到了穆斯林群体的支持，其中包括几位在省内乃至全国都享有声望的穆斯林领袖。1937年的省级选举至关重要，尤其是因为

1935年的法案①赋予了各省相当大的自治权，并且被广泛视为为印度独立铺平了道路。国民大会党在普通选区的表现非常好，但在穆斯林选区表现不佳，穆斯林联盟也是如此。国民大会党在4个省以外的所有省份成立了支部。

1937年的选举结果给国民大会党带来了挑战和机遇。它意识到穆斯林并不支持国民大会党，但也不完全支持穆斯林联盟，所以他们是应该争取的对象。因此，它启动了一项"大众接触"计划，目的是让穆斯林群体放心，国民大会党不会对他们的宗教和其他利益构成威胁。穆斯林联盟也或多或少以同样的方式看待局势，并发起了一场运动，旨在引起穆斯林的恐惧和不安。意识到穆斯林群众"社群化"的程度如此之大，变化如此之快，国民大会党取消了它的计划并督促穆斯林联盟做出对等的行动。穆斯林联盟的领袖真纳拒绝取消这场运动。

甘地最大的对手真纳是一个复杂的人物，他们的关系充满奇怪的矛盾。真纳和甘地来自印度同一个地区，有着相同的语言和文化，也和甘地一样是一名律师。他的家庭是印度教徒改宗伊斯兰教的第一代。"真纳"就是一个印

---

① 此处指《1935年印度政府组织法》。——编者注

度教名字，反映了当时印度教徒改宗者保留部分原名这一相当普遍的做法。与甘地一样，真纳也十分崇拜戈卡尔并视其为自己的政治导师，也曾长时间旅居国外。尽管他们对印度采取的应对行动截然不同，但他们都保持着局外人的视角。他们两人都不熟悉印度历史或者自己的宗教传统。不同于甘地的是，真纳强烈反对宗教干涉政治。他了解甘地的魅力和建立人际关系的方式，并小心翼翼地将自己与这些隔绝开来。比起二人的母语古吉拉特语，他更愿意使用英语与甘地沟通，将握手而非印度传统的双手合十礼作为问候方式，并且正式称呼甘地为"甘地先生"而非印度式尊称"甘地吉"（Gandhiji）。甘地几乎赢得了所有对手的支持，或者至少赢得了他们最诚挚的尊重，其中包括像苏巴斯·鲍斯和M. N. 罗易这样意志坚定的左翼领袖，而真纳这个比起他的其他政治对手在许多方面更像他的男人却没有站在他这边。

如果不简化政治现实并向广大的穆斯林群体提供关于他们自己和他们的国内地位的一种天真且相当扭曲的概念，真纳显然无法动员他们。他采用了宗教民族主义的话语，戏剧性地改变了政治辩论的性质。在此之前，他和穆斯林联盟一直认为穆斯林是少数族群，有权获得独立的选区和宪法保障；他们现在开始争辩，说自己是一个民族，拥有独特的文化和政治单位，有权与印度教徒享有完全平等的地位，还说印度是由两个国家组成的。尽管真纳最初满足于在一个国家内争取他们的平等，但事情发展的势头很快就失控了，他成为独立于印度的国家巴基斯坦的坚定拥护者。

在与真纳的谈判中，甘地质疑了真纳的两国理论。甘地表示，民族主义的话术既不适用于印度，本质上也是荒谬的。不像欧洲诸国，印度并非一个国家，而是一个文明。几个世纪以来，它受益于不同种族和宗教的贡献，并以其多元性、包容性和宽容著称。印度教徒和穆斯林（大部分人是印度教徒改宗者）享有同样的文化，甚至他们的宗教也深深地互相影响，他们不可能被当成两个不同的国家。更重要的是，每一个国家必须拥有自己的政权的想法非常荒谬且不切实际。无论如何，巴基斯坦作为新的国家将包含大量印度教徒，就像印度将包含数百万穆斯林一样。由于这两个国家必定会是多宗教国家，并且必须找到兼顾各少数族群的方式，一个完整未分裂的印度没有理由做不到如此。甘地告诉真纳，尽管他本人不认为巴基斯坦是一个"有价值的理想之国"，但如果真纳同意在穆斯林占多数的地区举行公投，他就准备接受这个理想国度。在甘地看来，如果真纳不能随心所欲，那么他无权做的是掀起宗教狂热。

尽管两国理论站不住脚，但穆斯林的恐惧是深刻且真实的。几个世纪里，穆斯林一直统治着印度教徒，他们害怕在印度独立后受到歧视，甚至遭到报复。国民大会党越发频繁使用社会主义式的修辞，吓跑了穆斯林地主和上层阶级，而他们中的许多人也成为巴基斯坦建国的坚定拥趸。国民大会党错过了1937—1939年执政期间拉拢真纳和穆斯林联盟的机会，也没能阻止以真纳为发言人的中产阶级穆斯林和他厌恶已久的封建阶级组成机会主义联盟。正是这个联盟使得巴基斯坦建国成为一种可能，并至少部分解释了其后来的悲惨历史。如果有更多的时间、更宽松的政治环境、操纵更少的殖民政府，以及国民大会党和穆斯林领导层更大的敏感性和善意，也许可以找到减轻这些恐惧的方法。在这种情况下，许多旨在保持国家统一的善意的立宪计划在没有经过公正审判的情况下土崩瓦解，令人恐惧的国家分裂以及随之而来的所有暴力事件变得不可避免。

虽然大部分国民大会党领导层人物都接受了分治，但甘地反对分治并不是因为他担心印度的领土减少，而是因为他认为这是一个"谎言"。它否定了千年的印度历史和印度文明的基本精神，立足于宗教民族主义固有的"邪恶"原则。他还担心这会导致大量流血事件，并使两国关系永久恶化。当他意识到他长期以来用作威胁手段的禁食会让事态变得更糟时，他优雅地接受了分治，并努力创造一种既能最大限度地减少暴力，又能最大限度地促进未来和解的气氛。总的来说，他在印度教联合家庭的形象中看到了分裂。不能一起生活的人可以自由分家，免得经常争吵，但没有理由否认共同的历史，互相仇恨、互相残杀，拒绝在共同利益上合作，以及拒绝致力于未来的和解。

在生命的最后几个月里，甘地英勇地与席卷印度北部大部分地区的暴力浪潮做斗争。有许多年，他一直被深深的政治疑惑和精神疑虑困扰。他经常对印度的未来，以及他的个人斗争、道德斗争和精神斗争的结果表示担忧，甚至怀疑他不适合当国家领袖，并敦促其他人接过他的重担，而且于1934年离开国民大会党，以便国民大会党在做决定时不受他的影响。此时，他对自己的行动方针没有丝毫怀疑，因为他的职责已经再清楚不过了。他知道他一直担心的"清算日"终于来了，决定在77岁高龄时对他的非暴力运动进行"最后的考验"。他所代表的一切岌岌可危，他的至高神明也在接受审判。由于甘地一生都忠于神明，神不会在他和他的国家最需要帮助的时刻让他失望。甘地变成了一个超然的、被神附身的人物，除了驯服名为暴力的"恶魔"，没有其他使命。

对甘地而言，个人和政治密不可分。过去每次面对重大政治斗争时，他都会转向内心，集中精神，调动全部的道德能量和精神能量。"一根潮湿的火柴如何点燃一根木头呢？"与可怕的族群间暴力做斗争，需要比以往任何时候都更加强烈的内心探索。他的宗教信仰表明邪不压正，所有的暴力都将在非暴力的光芒下消散。持续不断的暴力行为必须得到解释，而甘地典型的做法便是责备自己。神明或者宇宙能量没有通过他而运作，因为他有某种巨大缺陷。虽然他认为他已经消除了自己所有的暴力痕迹，但他的想法一定是错的。唯一可能的暴力来源也许是无意识的性欲的存在，这被甘地视为一种侵略形式。因此，他决定对自己的独身生活进行最严峻的考验，开启与经过挑选的女性同伴裸睡的非凡实验，部分是为了清除可能仍然存在的残留性欲，还有部分是为了产生他认为自己需要的巨大能量，来制服他周围肆虐的邪恶。这个实验引发了众人巨大的不安，而他也公开写文谈及此事。尽管他遭到了一些同事的攻击、嘲笑和排挤，但他依然坚定不移。他并不打算仅仅因为他的同伴把他奉为圣雄就满足他们对他的期望。生命是属于他自己的，他必须遵循他所看到的真理。如果这意味着他要失去圣雄的身份，那么他会非常高兴地"摆脱负担"。甘地的实验确保了他是完全纯洁的，他的神并没有弃他而去。

为了与暴力做斗争，甘地只剩下一件武器，那就是他的生命，而且只有一种使用它的方式，即通过精心设计的禁食来牺牲它，旨在唤醒被误导的同胞的良知，调动他们的精神能量。甘地完全不顾自身的安危，一边不停地喃喃自语道，"我该怎么办，我该怎么办"，一边开始了他的和平朝圣之旅，前往孟加拉国的诺阿卡利地区，这是印度教徒-穆斯林暴力冲突最严重的地方。从1946年10月到1947年2月，甘地从一个村庄走到另一个村庄，住在那些愿意给他栖身之所的人的小屋里，听他们讲述暴力横行、平复激情、安慰悲痛之人和失去亲人之人的故事。他日行18个小时，走访了49个村庄。有时候他要走的道路上布满污秽和荆棘，而作为和平朝圣者，他经常赤脚行走，因此双脚酸痛，生了冻疮。他不得不穿过仅由松散固定的竹竿搭成的桥，有时差点儿跌入几英尺[①]之下的淤泥。他的生命也受到了几次威胁，并遭到几次暴力殴打。但他并没有气馁，反而继续他的使命，在即将崩溃的身体中积蓄了大量体力，并凭借人格魅力成功恢复了孟加拉国和其他地方的和平。

图4 1946年年末，甘地走过诺阿卡利饱受骚乱蹂躏的地区

① 1英尺约为0.3米。——编者注

当印度于 1947 年 8 月 15 日独立时，甘地既没有去德里参加庆祝活动，也没有去升国旗，更没有发去贺电。他仍在数百英里外忙于与暴力做斗争，认为没有理由做庆祝之事。印度独立后不久，当加尔各答成为大规模暴力的战场时，甘地赶到了这座城市。当他所有的呼吁都失败后，他于 1947 年 9 月 2 日开始决定禁食至死，就像他几个月前所做的那样。3 天之内，他创造了一个"奇迹"。许多一直忙于屠戮的人来到他的床边，为他饱受折磨的躯体哭泣，放下武器，并向他递交了一份书面承诺——他们将不再允许暴力发生，如有必要，他们甚至愿以牺牲生命为代价。蒙巴顿勋爵毫不夸张地说，甘地单枪匹马取得了在旁遮普全副武装的 5 万名士兵都未能取得的成就。甘地并不觉得这是奇迹，因为它只是证实了他一生的信念，即"灵魂力量"[①]比物质力量强大得多。他也不需要别人的感恩，因为他的禁食给了他"无法言喻的快乐"和一种近乎神性体验的"内心平静"的深刻感觉。

甘地从加尔各答马不停蹄地赶往骚乱肆虐的德里。他走访了穆斯林地区，安抚那里受惊的居民。他还参观了满

---

① 即"萨蒂亚格拉哈"思想，非暴力的消极抵抗和不合作主义。——编者注

是失去所有财产的巴基斯坦印度教徒的营地；一些人失去了至亲，所有人都充满仇恨。他独自一人在无人保护的情况下安慰着他们，告诉他们"以恶制恶是没有好处的"，并恳求他们表现出宽恕之心。愤怒和痛苦的印度教徒有时会扰乱他的多宗教祷告会。有些人反对他诵读《古兰经》经文，而由于他不会妥协，祷告会有时会突然结束。甘地甚至冒险参加了一个由印度教激进分子组建的准军事组织国民志愿服务团（RSS）的500名成员参加的会议，并且警告他们，他们的不宽容正在"扼杀"印度教。为了打动整个印巴地区的人民，他于1948年1月13日开始了他的最后一次禁食，旨在创造"真正的和平"来取代军队强加的死气沉沉的平静，并向印度政府施压，以免其违背将集体资产中巴基斯坦的份额移交给当时还在与印度交战的巴基斯坦的庄严承诺。

尽管许多愤怒的印度教徒指责甘地政治思想幼稚以及为穆斯林站台，但大多数人承认他只是忠于自己的原则，心中只有印度的稳定和荣誉。5天后，甘地如愿以偿。结束了他那在巴基斯坦备受赞美的禁食之后，甘地为两个国家感到担忧并流下了眼泪。甘地多次战胜了人类的野蛮行径，使他的同胞备感震惊，也使他成为一个崇高且神圣的人物，一个值得最深切的骄傲和尊敬的对象，甚至对那些批评他的禁食和宗教呼吁的人来说也是如此。他们几乎觉得甘地已经赎罪，也救赎了他们，减轻了他们的耻辱和内疚带来的负担。

甘地知道暴力离他越来越近了。他的生命受到了几次威胁；在他去世前10天，有人在他的祷告会上投放了一枚炸弹，而他拒绝被"区区一枚炸弹"吓退；他收到过辱骂信件，信中指责他安抚穆斯林，并称他为"穆罕默德·甘地"；"甘地去死"也是他的祷告会上经常被高呼的口号；甚至他的密友也对他表现出了不耐烦。他知道自己随时可能遭遇不测，但拒绝了所有提供的保护。事实上，暴力似乎不仅削弱了他的求生意志，还让他产生了一种积极的渴望，他希望他的死亡能够实现他生前没有实现的目标。他在去世前一天晚上清楚地跟他的侄孙女说，只有"有人射杀了我，而我用自己赤裸的胸膛接受了他的子弹并继续吟诵罗摩的名字"，他才应该被称为"真正的圣雄"。第二天，一位受过良好教育、口齿伶俐、坚持现代主义、好战，并且在意识形态上代表了几乎所有甘地所排斥的事物的印度教徒，先向甘地鞠躬致敬，之后便杀死了他。甘地随即不治身亡，据说他在弥留之际还在低声说着

"嘿，罗摩"。他于1948年1月30日被刺杀一事具有宣泄作用，它使印度教极端分子名声扫地，惩戒了温和的印度教徒，安抚了少数族群，并将悲痛的国家从灾难的边缘拉了回来。

甘地在印度独立之后只活了6个月。在那个他不忙于与暴力做斗争的短暂时期，他在扶持印度这个国家，担心着它的未来。他经常向尼赫鲁提建议，尼赫鲁是一名世俗社会主义者，几年前甘地宣布尼赫鲁为他的"政治继承人"，而现在尼赫鲁成为印度的总理。甘地弥合了尼赫鲁和他的一些资深同僚之间日益增长的分歧，敦促他的激进追随者支持尼赫鲁继续完成建设国家的任务，为尼赫鲁有悖于他的理想辩护，并且批准向克什米尔派遣军队。对于印度未来的行动路线，甘地以他依赖了近30年的三方战略阐述了他的设想。国家应该是相对自治的，由那些适合传统政治的人负责。曾带头争取独立的国民大会党将会自行解散，重组为一个全国性组织，推行《建设性纲领》，密切关注国家，并在国家采取不公正行动时领导非暴力不合作运动，反对国家机器。由于这些是甘地专注的任务，他实际上是在建议国民大会党制度化、保存并延续他的精神。然而，国民大会党拒绝了他的提议，并且否认甘地精神是组织的一个化身。

图 5　1936 年，甘地和尼赫鲁在一起

第二章

———

宗教思想

宇宙之魂

甘地是一位深刻的宗教思想家。尽管他深受印度教、基督教和耆那教的影响,但他的宗教思想跨越了这些教派,独树一帜。对神明的信仰显然是他的宗教思想的基础。然而,由于甘地认为"神"这个词暗指一个存在或者一个人,他更喜欢使用诸如永恒原则、至高意识或至高智慧、宇宙力量、能量、精神或者"夏克提"(意为能量或力量)等词。后来,他更喜欢说终极现实或者真理,并认为这是对神"唯一正确且完全重要"的描述。遵循印度哲学传统，他使用真理一词来指代存在的终极基础，指代在变化中唯一保持不变的、将宇宙凝聚在一起的东西。有很长时间，他一直说，"神即真理"，暗指真理是神的众多属性之一，而且神的概念在逻辑上先于真理的概念。1926年，他推翻了这个主张，说"真理即神"。他将其视为自己最重要的发现之一，并认为这是他多年思考的结晶。对他来说，新主张比起旧主张有几个优势。它避免了人类中心主义，并暗示真理的概念先于神的概念，称真理为神并没有给它增添任何新内容。由于同时也是真诚的无神论者的甘地在以他自己的方式寻求解开宇宙的奥秘和寻找真理，他的新主张为他和信徒之间的对话提供了共同的基础。甘地认识许多具有深厚的宗教精神甚至神秘主义情感的无神论者，并担心会将他们置于宗教话语的范围之外。

对甘地来说，真理或者宇宙之魂超越了包括道德在内的所有品质。正如他所说，"从根本上说，神是无法用语言描述的……我们以最纯粹的动机将其归因于神的品质对我们来说是真实的，但从根本来讲是虚假的"。再者，"在人格化的上帝之外，还有一个我们用理性无法理解的无形本质"。尽管宇宙力量没有包括个性在内的品质，但甘地表示人类常常发现很难避免将其人格化。人类的头脑已经习惯了感官世界,以至于当需要以非定性的方式思考时,他们会感到深深的迷惑。此外,人类不仅是思维的存在,更是感官的存在,"头脑"和"心"的要求是不同的。无品质的宇宙力量或者纯粹的智慧满足了头脑,但过于遥远、抽象和超然,无法满足心灵。心需要一个有心的存在,一个能唤起最深层情感的人,一个可以与之建立情感联系的人,而且需要一个人格化的神。

甘地阐述的宇宙之魂的本质如下。正如一个人对实干家的期望一样,他是从实干的一生而非沉思的一生的角度去看待宇宙之魂的。第一,宇宙之魂是"纯粹的"或无实体的意识,而不是某个存在的意识,因为如果是后者,它就不能仅仅是意识,而是绝对的意识。第二,宇宙之魂以一个理性且有序的方式运作,从不随意、反复无常。第三,宇宙之魂是活跃的,代表着无限的夏克提、力量或能量。第四,宇宙之魂遍及、渗透且构造了宇宙。第五,宇宙之魂是仁慈的。因为宇宙之魂应该是超越善恶观念的,所以甘地称其仁慈的原因并不完全清楚。他似乎认为,尽管它超越了传统道德意义上的善恶,其行动也不用接受道德评判,但宇宙稳定而理性地运转,有利于人类和众生的福祉,并且为美好生活提供了必要条件这一事实，表明它具有向善的结构性偏好，并受到善意精神的调节。当它的行动从人类的角度来看显得残忍，例如发生天灾人祸时，不应草率地对其进行判断，而应将其视为不可理解但基本上仁慈的设计的一部分。第六，宇宙力量是"神秘的"，虽然人类可以获得一些关于它的本质和运作方式的知识，但他们的知识必然是有限的和不确定的。第七，虽然宇宙力量无所不能，但它也会受到自己施加的限制。人类的自由便是限制之一，因此宇宙力量会安排但没有预先决定人类以特定方式行事。如此一来，它的无所不能为人类的弱点、选择和邪恶留下了空间。对甘地来说，邪恶并不是一个独立的原则，而是宇宙力量"批准"或"允许"的东西。

由于宇宙之魂并不是一个存在或者一个人，甘地有时将其称为"它"。然而，由于它代表了意识和智慧，他也将其称为"他"（不过从未称为"她"）。如果我们将甘地的宇宙力量的概念与更广为人知的基督教的上帝观做比较，前者的独特性就会变得更加清晰。在后者流行的标准版本中，它强调了上帝的三个特点。首先，上帝是超宇宙的存在，即先于宇宙存在，且存在于宇宙之外。其次，他创造宇宙并施加规律，确保其有序存在。最后，他不仅有无限的爱,而且有无限的力量,因为他能为太阳、星辰和海洋制定和实施律法,这显然是一种令人赞叹、令人敬畏的力量展示。这三个特点密切相关。作为宇宙的创造者,上帝必然是超宇宙的,而力量显然是他最显著的特征之一。

甘地以一种不同的方式看待宇宙之魂。因为宇宙对他来说是永恒的,所以问题并不是关于创造的,而是关于赋予其秩序和构建它的。因此,他的宇宙之魂并不是创造者,而是一种秩序法则,一种从内部充实和调节宇宙的至高智慧。秩序法则与至高存在不同,至高存在可以是超宇宙的,或许一定是超宇宙的。像大多数印度思想家一样,甘地与其说对物质世界感到困惑,不如说对生物感到困惑;与其说对星辰和海洋有节奏、有序的运动感到困惑,不如说对生命的奇妙现象,包括"神秘"起源、多样的形式以及它们巧妙而复杂的机制感到困惑。上帝令人敬畏的力量和令人赞叹的壮举并没有引起他的兴趣,甚至没有给他留下深刻印象——事实上,他认为强调它们是在削弱上帝的真实本性,激发的是恐惧和敬畏而非爱和亲密。相反,他强调宇宙之魂的智慧、微妙、技巧、能量,以及温和而难以捉摸的运作方式。

甘地同意宇宙之魂的存在无法通过理性论证,但不同意关于其影响的说法。理性本身无法证明任何事物的存在，哪怕是椅子和桌子也不行，因此，如果它是存在的唯一标准，我们就不得不否认世界本身的存在。此外，甘地不明白为什么只有满足理性的东西才被认为是存在的。他反对理性是人类的最高能力这一观点。如果正如其所说，它是最高能力，那么这个论证就是一个闭环。至于其他能力，它们并没有说自己是人类的最高能力。理性显然是一种极其重要的人类能力，应该在生活中得到应有的地位，但它不能成为其他所有能力至高无上的仲裁者。每一种信仰都必须"通过"理性的"考验"，但这不意味着它们不能超越理性。理性规定了最低限度而不是最高限度，并指定了我们可以不相信而非我们必须相信的东西。

甘地想得更远。追随着印度先贤的长篇大论，他认为神的存在是经验决定性问题。就像生活中许多深刻的经历一样，感受与神同在的经历并不是所有人都会自然获得的。一个人需要经过长期的精神训练，磨炼出一个纯洁的灵魂，才有资格获得这种经历，而那样做的人无一例外地会谈到"感觉"、"看到"或"听到"神。甘地声称他自己的生活证明了这一点。既然神的存在本质上不能被理性地证明，那么信徒所能要求怀疑论者做的就是接受必要的训练并自己找出答案。

甘地同意超越观察和理性就进入了信仰的领域，但他认为这并没有错。人类在生活的大部分领域都超越了理性，没有信仰就无法生活，无论是对自己、家人和朋友的信仰，对实现有难度的目标的能力的信仰，还是对第二天太阳会照常升起而世界不会终结的信仰。即使是头脑冷静的科学家也依赖一种信仰，即宇宙受法则支配，具有理性的结构，而且服从人类的理解。尽管他们的信仰是完全正当的，但这仍然是一种信仰行为，而不是理性证明的问题。因此，重要且唯一合理的问题不是信仰是否"正当"，而是信仰何时是"正当"的，以及如何将"理性"的信仰和"盲目"的信仰区分开来。

虽然甘地在任何地方都没有明确说明，但他经常援引以下四个标准来确定信仰何时是理性的或正当的。第一，它应该涉及超出观察和推理范围的事情。大象会不会飞，或者隔壁房间是否有只猫，都可以通过经验验证，而这不是信仰问题。第二，信仰不应与观察和推理矛盾。第三，因为信仰涉及超越可以被观察和被证明的东西，所以必须表明它是经验所要求的，并且有经验的基础或依据。第四，在可用证据尚不确定的情况下，信仰可以是一种有计划的冒险假设，如果它有有益的结果，那么它就是合理的。

甘地认为，对宇宙之魂存在的信仰满足上面四个标准。宇宙之魂存在于观察和理性论证的世界之外，对它的信仰不仅不矛盾，而且是人类经验所暗示和要求的。宇宙的秩序和规律性不能仅用自然法则来解释，因为没有明显的理由说明为什么宇宙在根本上应该受法则支配而不处于永恒的混沌中，或者为什么它应该受稳定及善待生命的法则支配。物质本身不能创造生命，它的法则也不能解释即使是最微小的生物也能以复杂的方式适应通常不利于生存的环境。甘地还觉得神秘的一点是，生命在毁灭性事件中仍持续存在。地震、洪水和风暴等破坏性力量很容易在很久以前就将其消灭。然而，生命继续存在、繁荣并进化出越来越高级的形式。同样，尽管宇宙中同时存在善和恶，但善不仅幸存了下来，而且从长远来看取得了胜利。在短期内和个别情况下，它可能做不到，但"如果我们放眼长远，我们就会看到，统治世界的不是恶，而是善"。确实，除非有善的支持，否则恶本身无法持久。杀人犯团伙也许会杀光见到的每一个人，但团伙内部至少必须相互信任和帮助。善是自给自足的，而恶是寄生的，善是生命的基础，而恶不是。甘地认为，如果不假设宇宙之魂的存在，就无法解释宇宙在结构上向善而且不是非道德的这一事实。

现在转向理性信仰的第四个标准。甘地认为，对宇宙之魂存在的信仰比与之对立的信仰能更好地指导生活。它使生活中的悲剧变得更容易承受，鼓励人类彼此关心和爱护，并保护他们免受同胞的忘恩负义和卑鄙行为所激起的愤世嫉俗。它还帮助他们抵制为满足他们狭隘的个人利益而扭曲道德规则的诱惑，激励他们做出巨大的牺牲行为，并赋予他们采取原本不会采取的行动和承担原本不会承担的风险的力量。即使一个人对宇宙之魂的存在没有绝对的把握，对它的信仰也会产生有益的结果，并且是一个比与其相反的假设"更好的假设"。

与许多信徒不同，甘地提出的论点不是我们熟悉的强有力的论点，即存在一位创造和主宰宇宙的全能神，而是一个弱得多的论点，即存在"某种"精神力量在渗透以及"温和地"领导着宇宙。即使是这个较弱的论点，无论它在其他情况下看起来多么有吸引力，也并非没有存疑之处。甘地在声称充分考虑理性的同时赋予了它一个有限的位置，并使用极其狭隘的术语给它下了定义。只要一个信仰不是明显荒谬的，它就被认为是符合理性的或被理性允许的。在这种观点下，没有有效的方法去检查一个人可能拥有什么信仰，甚至不能排除对鬼魂和女巫的信仰。从更严格的理性观点来看，人们可能会得出与甘地不同的结论。如果根据关于宇宙本质的可用科学知识体系来定义它，那么对宇宙之魂存在的信仰就会出现问题，而且肯定无法像甘地所主张的那样不证自明。宇宙的秩序和规律性以及生命的出现可以在不假设宇宙之魂存在的情况下得到解释，所谓的自然界和人类世界中善战胜恶的事实依据有限，甘地所哀叹的自然界和人类世界的普遍暴力并不容易与一种仁慈的精神调和。至于甘地对经验确定性的要求，也有一定的道理，但并非没有存疑之处。释迦牟尼做了甘地所要的一切，却显然一无所获。此外，一个人通常会找到自己热切寻找的东西，如果找不到，他就总是会被指责不够纯粹，或者不够严谨，又或者遵循了错误的训练方法。

宗教

对甘地来说，宗教代表了人类理解神和与其建立联系的方式。由于他假设了神的非人格化和人格化的概念，他区分了两个不同的宗教层次。"正统的"、"习惯的"、"有组织的"或者"历史的"宗教基于神的不同概念，它们将神简化为人类思维的有限范畴，并赋予其拟人化属性。它们涉及祷告、崇拜、仪式、向神祈求恩惠等，而且都是宗派主义的。对甘地来说，流行的印度教、伊斯兰教、基督教、犹太教和其他所有宗教同属于这一类。"真实的"、"纯洁的"或"永恒的"宗教超越了它们。它摒弃了仪式、崇拜和教条，只涉及对宇宙之魂的信仰和在个人生活中的所有领域实现它的承诺。这种宗教代表了最纯粹的灵性形式，并承认神性过于复杂，任何一种宗教都无法完全掌握它。它"超越"但没有"取代"有组织的宗教（这些宗教对它的表述有限但正当），并构成了它们共同的"基础"和连接的"环节"。

> 我不希望我的房子四面都被围起来，窗户被堵上。我希望所有国家的文化都尽可能自由地在我的房子周围传播。但我拒绝被任何人打倒。

对甘地来说，宗教关注一个人怎么生活，而不是一个人信仰什么；关注一个活生生的信仰，而非"教条的冢中枯骨"。它与神学无关，神学将宗教过度理智化了，将其简化为一套教条，并把信仰置于行为之上。对甘地来说，宗教的核心不是神学，而是道德，评判后者的标准不是基督教传教士所主张的哲学连贯性和信仰体系的微妙性，而是它的理想和这些理想所激发的生活质量。正如他所说：

> 在世界上众多的谎言中，神学是最重要的一个。我并不是说不存在对神学的需求。在这个世界上，对许多令人怀疑的东西都有需求。但即使是那些将神学作为其工作的一部分的人，也必须在与他们的神学的斗争中生存。我认识两个信仰基督教的好朋友，他们放弃了神学，决定去身体力行地奉行基督的福音。

对甘地来说，每个主要的宗教都表达了对神的独特看法，并强调了神的不同属性。神是慈爱的父亲这一观念，以及随之而来的对普世之爱、宽恕和无怨无悔地受难的强调，在基督教中得到了最充分和最动人的发展。"我不能说它是独一无二的，也不能说无法在其他宗教中找到它。但这样的演示形式是独一无二的。"伊斯兰教"最优美地"表达了严肃且严格的一神论、人和神之间不存在中间者的主张，以及平等精神。神的非人格化概念和人格化概念之间的明确区别，对在不依附于世界的同时在世界中保持活跃的强调，所有生命统一的原则，以及非暴力的教义，则是印度教所独有的。对甘地来说，每个宗教都有独特的道德气质和精神气质，代表着一种美妙的、不可替代的"精神成分"。每个宗教都包含真相，但这并不意味着它们都是真实的，因为它们也包含一些谎言。由于每个宗教都是独一无二的，"无法估计各宗教的优点"，更不用说在它们之间建立等级制度了，就像不可能对不同的艺术和音乐传统或者伟大的文学作品进行比较和分级一样。

和许多印度思想家一样，甘地对天启宗教的概念感到不安。他发现启示的概念在逻辑上和道德上都是有问题的，逻辑上有问题是因为它预设神是一个人，而道德上有问题则是因为它暗示神有偏爱的对象。神确实向虔诚的求道者伸出了援助之手，并在他们面临严重危机的时刻给予了指导——甘地声称自己正是这种指导的受益者——但这与彻底的神性自我启示的传统观念截然不同。对甘地来说，耶稣、穆罕默德、摩西等人是过着模范生活的伟大的灵魂探索者或"科学家"，他们"发现"了人类存在的一些最深刻的真理，并在他们生命的关键时刻获得了一定程度的神圣恩典，但他们既不是完美的，也不是神之子或者神圣的使者。神的启示对所有凭借生活质量配得上它的人来说都是可以获得的，并且在关键时刻主要以实际指导的形式出现。

因为神是无限的，又因为有限的人类思维只能理解他的一个"片段"，而且理解得非常不充分，所以每个宗教必然是有限且片面的。那些声称直接从神那里获得启示的宗教亦是如此，因为它们是被启示给容易犯错的人类的，并体现在一种天生不充分的人类语言中。因此，各宗教可以相互提供很多东西，并从富有同情心的对话中受益。对其他宗教的正确态度不是宽容甚至尊重，而是善意。宽容意味着它们是错误的——尽管人们出于各种原因愿意容忍它们——并且一个人的宗教是"真实的"，没有什么可以向其他宗教学习的，因此它带有"精神上的傲慢"和"屈尊"的感觉。尊重是一个更加积极的态度，但它也意味着不愿意向其他宗教学习又希望与它们保持安全距离。相比之下，善意意味着"精神上的谦逊"，一种"对其他宗教的理解"，以及对看到它们蓬勃发展并向它们学习的意愿。

对甘地来说，宗教是生活的基础，而且塑造了一个人所有的活动。它不能被划分，为特殊场合或一周中的几天保留，或者被视为为另一个世界所做的准备。信奉宗教就是在持续存在的宇宙之魂中生活,并将这种意识转化为一个人所做的一切。它影响了一个人生活中最小和最重要的活动,包括他如何坐、说话、吃饭,以及如何开展个人生活、职业生活和公共生活,最多就是它们的"总和"。由于一个人在包括政治在内的所有生活领域都践行了自己的宗教信仰,"那些说宗教与政治无关的人不知道宗教意味着什么"。这并不意味着神权政治或者拒绝接受世俗国家,因为宗教是一种自由且真诚地秉持的信仰,排斥一切形式的胁迫。既然国家是一个强制性机构,它就应该是世俗的,因为它不应该制度化、强迫或偏袒任何一个宗教,甚至不应该平等地支持所有宗教。然而,这并不意味着政治生活应该是世俗的,并且不允许基于宗教的呼吁、争论或行动出现,因为这会侵犯公民的宗教虔诚和表达其宗教身份的自由。

宗教通常被认为是封闭的世界,几乎就像积极守卫领土边界的主权国家。它们的信徒不被允许信仰一个以上的宗教,也不被允许借用另一个宗教的思想和做法而不感到内疚或担心自己的宗教身份被淡化。甘地则持截然相反的观点。对他来说,宗教不是一种权威的、排他的、单一的思想和实践结构,而是一种资源,人们可以从中借用任何有说服力的东西。因此，它是人类的集体资产，是人类共同遗产的一部分。很多人都出生在一个特定的宗教传统中并深受其影响，这个传统可以说是他们最初的精神家园，但其他宗教并不对他们关闭大门。甘地说，作为一个印度教徒，他是印度教丰富而古老的遗产的继承人。作为一个印度人，他是一个有特权的印度多元宗教和文化传统的继承人。作为一个人，所有伟大的宗教都是他的精神遗产，他和它们的本土信徒享有同样的权利。因此，在坚定地根植于自己的传统的同时，他感觉可以自由地利用它们的道德资源和精神资源。为了表达根基感和开放性这两个中心思想，他经常使用住在窗户大开的房子里这个比喻。房子有墙保护，给他安全感和根基感，但窗户大开能让不同方向的文化的风吹进来，丰富他呼吸的空气。"愿来自世界各地的高尚思想聚集到我们身边"是他最喜欢的古典格言之一。

甘地充分利用了他自称的知识自由。他提炼出他所认为的印度教的核心价值观，并且在它们与源自其他宗教传统的价值观之间建立了批判性对话，甚至是对抗。因此他从印度传统，尤其是佛教和耆那教中继承了不害（即非暴力）的概念。然而，他发现不害的概念是消极和被动的，所以根据行动派和社会导向的基督教仁爱概念重新解释了它。他觉得后者过于情绪化，导致了世俗的依恋，并且损害了信徒的自足性，因此他用印度教无依和无欲的概念重新阐释了它。他的两次重新阐释，在适当地将基督教的概念印度教化之后又将印度教的概念基督教化，产生了一种活跃、积极，但超然、非情绪化的爱的新思想。同样地，他继承了传统的印度教禁食作为苦修的方法，将其与基督教的代赎和受难之爱的概念结合，用它们相互解释，并发展了"自愿将肉体钉在十字架上"的新思想。它涉及由一个社群公认的领袖进行的禁食，以弥补其追随者的恶行，唤醒他们的羞耻感和愧疚感，并调动他们的道德能量和精神能量以实现救赎的目的。

甘地的宗教折中主义让他的许多信奉基督教和印度教的追随者感到不安，他们抱怨说它表现出精神浅薄和缺乏承诺，并且对所涉及的传统不公。他信基督教的同伴表示，既然他从基督教那里借鉴了这么多，他就应该迈出合乎逻辑的下一步，即皈依基督教。对他信印度教的追随者来说，他应该停止"基督教化和腐蚀"他的宗教，并忠于其核心价值观。甘地不为所动。在他看来，他所说的折中主义实际上是一种创意性的融合，源于对真理真诚而不懈的追求，并不意味着肤浅，而是一种深化自己的宗教传统和其他宗教传统，并在这两者之间构建至关重要的桥梁的愿望。对他来说，一个人不必成为基督教徒而同样有权采纳基督教信仰和实践。这样做的人并不会就此成为基督教徒。事实上，基督教徒、印度教徒和穆斯林这些术语的划分本身就存在严重错误，并且是许多不宽容态度产生的根源。它们具体化了自己的宗教，在宗教之间设置了严格的界限，制裁了虚假的所有权主张，并在心灵上和道德上设置了反对相互借鉴的障碍。

甘地表示，归根结底，既没有基督教徒，也没有印度教徒，只有自由地利用伟大的宗教传统的道德资源和精神资源的人类。一个人可能会钦佩耶稣是一个伟大的灵魂，但同样尊重释迦牟尼、摩西和其他人。这种人属于他们自己的宗教，也属于其他几个宗教。他们是基督教徒、穆斯林或佛教徒，因为这些宗教传统是他们的故乡或精神指引，并且最能满足他们。然而，他们也珍惜并自由地借鉴其他宗教传统，并将其中一部分纳入自己的传统。一个心诚的宗教求道者欢迎所有有价值的见解，并在他通往真理的无尽旅程中从"真理到真理"实现成长。对甘地来说，向神敞开心扉就是向所有宗教传统敞开心扉。试图将神的无限性限制在单一宗教范围内,并将其他人视为竞争对手或敌人的宗教激进主义者犯了道德短视、精神狂妄甚至亵渎神明的罪行。

甘地与他的批评者的争论凸显了对待宗教和宗教真理截然不同的方法。对他来说,宗教是一种资源,是一种能以他认为的方式提取、组合和解释的见解体系。因此,他对待宗教的态度是极其非历史的、不受约束的、反传统主义的、自由主义的,而且不涉及以宗教传统自身的方式来理解它们。对他的批评者来说,一个宗教独特地根植于特定的历史事件,具有道德权威和精神权威,构成相关社群的基础,需要对其基本文本进行仔细和虔诚的研究。每种方法都有自己的优点和缺点。甘地的观点将个人置于宗教探索的中心,将宗教从传统主义和文字主义的束缚中解放,鼓励对经文的新颖解读,并为跨宗教的对话创造空间。然而,它也违背了宗教传统的历史完整性,使宗教去制度化,并在能力较弱的人当中助长了浅薄的世界主义态度。他的批评者的方法的优点和缺点正相反。

第三章

人性

　　甘地的人性理论与他的神祇观和宗教观密切相关。它很复杂,在某些地方又显得模棱两可,而且前后并不完全一致。冒着过于简化的风险,他简单地认为人类的特征有三个基本事实。第一,他们是宇宙不可分割的一部分。第二,他们必然是相互依存、兴衰与共的。第三,他们是由身体、思想、"我"和"自性"所组成的四维生物,它们的相互作用解释了人类的行为并构成了道德基础。我们将依次解释这几点。

宇宙中心论观点

与几乎所有西方思想的主流传统将人类和动物巧妙地区分开来，并赋予前者在地球上至高无上的特权地位不同，甘地遵循印度教传统，对人类采取宇宙中心主义的观点。宇宙是一个协调良好的整体，它的各个部分都在一个奉献系统，即相互依存和相互服务的系统中联系在一起。它由从物质到个人的不同存在的秩序组成，每一种秩序都受自己的法则支配，并与其他秩序处在复杂的关系中。人类是宇宙不可或缺的一部分，并通过纽带与宇宙最紧密地联系在一起。用甘地最喜欢的比喻来说，宇宙并不是以物质世界为基底、人类为顶端的金字塔，而是一系列不断扩大的圈子，其中包括人类、感官世界、物质世界和包含万物的宇宙。由于宇宙之魂弥漫在宇宙中或注入宇宙，而不是在宇宙之外，所以所谓的自然世界在本质上既不是自然的也不是物质的，而是精神的或者神圣的。

宇宙万物都带有神性的印记，因此需要本着虔诚和"慈"（即友善）的宇宙精神来对待它们。甘地认为，神将宇宙作为财产赐予人类、让他们随意使用的思想既不合逻辑，又亵渎了神明。认为它不合逻辑是因为神既不是一个人，也不是一个独立于宇宙的存在；认为它亵渎神明是因为神赐之物不能是一种实际财产。宇宙是众生共同的遗产，众生平等享有其资源，应本着互惠互利的精神生活。人类是理性的，是其余受造物的监护人，应尊重其权利并珍惜其多样性。由于他们的存在如此重要，并且由于大自然不断地自我复制和补充，他们可能会自行利用他们需要的自然资源来帮助自己过上舒适的生活。他们无权索取更多，因为这等同于"盗窃"，也无权通过污染和毒害自然、使土地变得贫瘠或耗尽资源来破坏自然的再生能力。

甘地认为所有的生命都是神圣的，因此他在人类生命是否优于其他生命的问题上犹豫不决。总的来说，他认为答案是肯定的，因为人类有理性和道德。然而，这种优越性并不是"绝对"的，因为其他生物在本质上也是神圣的，是宇宙的正当成员。所以，人类只有在绝对必要的时候才可以带有歉意地夺走动物的生命。不得捕杀对庄稼有威胁的毒蛇和走兽，应抓获放生到安全的地方或赶走。除非气候或当地环境需要，否则不得杀死动物食用，更不能为了娱乐甚至科学实验而杀生。身体需要食物，食物包含生命，而这也涉及使用杀虫剂和对生命有巨大破坏的耕种模式。甘地称身体为"屠宰场"，并对其生存所带来的暴力深感痛苦。暴力是人类生活的一部分，因此不可避免地，他认为唯一的道德行动方针是通过减少个人需求来最大限度地减少暴力，并通过温柔地呵护自然来补偿暴力带来的伤害。

人类的相互依存

甘地认为，人类必然相互依存并形成一个有机整体，这是关于人类的另一个"基本"真理。个人的存在归功于他们的父母，没有父母的无数牺牲，他们既无法生存，也无法成为理智的人。他们在一个稳定与和平的社会中发挥自己的潜力，这个社会是在成千上万个无名的男男女女的努力下得以实现的。在由许多先贤、圣人、学者和科学家创造的丰富文明中，他们成为理性的、善于思考的和有道德的人。简而言之，每个人都应该将自己的人性归功于他人，并从一个他不劳而获的世界中受益。对甘地来说，人类是"天生的债务人"，并且身不由己地继承了无力偿还的巨额债务。光是父母的债就穷其一生都无法偿还，更何况还有其他大大小小的债务。此外，他们的债权人本质上是无法指明的。其中大多数人已经死去或者默默无闻，而活着的人数量如此之多，他们的贡献如此多样和复杂，以至于无法确定一个人欠了谁多少债。因此谈论"偿还"债务没有任何意义，除非是用一种笨拙和隐喻性的方式来描述一个人对不请自来但必不可少的天赋的反应。

鉴于无法偿还债务或者报以恩惠，人类所能做的就是"承认他们存在的条件"，并通过履行他们的职责和为集体福祉做贡献来延续一直存在的相互依存的普世体系。他们应该将自己的生命视为奉献，一种在宇宙祭坛上的供奉，并为人类世界和宇宙的维持与繁荣做出贡献。就好似甘地所说的，"奉献自我们出生起便与我们同在，我们一生都是债务人，并且必须终其一生为宇宙服务"。这种服务不仅是他们的职责，更是他们的权利，因为没有它，他们就没有机会实现自己和维护自己的尊严。在甘地看来，权利和义务是不可分割的，不仅在通常意义上，一个人的权利为他人创造相应的义务，而且在深层次的意义上，它们是看待同一事物的两种不同的方式。一个人有义务行使自己的权利，也有权利履行自己的义务。稍后我们将重新谈论这个复杂的问题。

由于人类必然是相互依存的，所以人类的每一个行动都是涉己和涉他的。这些行动会影响他人并塑造行动者自己的性格和生活方式，而且必然影响他与他人以及与自己的关系。当人类提升自己时，他们会唤醒他人的潜能，并启发、鼓励和提升他人。当他们倒下时，其他人也会受到伤害。对甘地来说，人类不可能在不贬低或不残酷对待自己的情况下贬低或残酷对待他人，或者在不伤害自己的情况下对他人造成精神和道德层面的伤害。这个理念至少体现在三个方面。第一，贬低他人意味着一个人可能会受到这样的对待，从而会降低每个人都应有的道德底线，所有人都会受到这种人同样的伤害。第二，贬低他人就是损害他们的自尊、自爱和行善的潜力，因此既否定了他们可能做出的贡献的好处，又增加了修复他们对自己和他人可能造成的损害的道德、心理和经济总成本。第三，作为具有道德和批判性自我反省能力的生物，人类如果不强硬起来应对他人的苦难，就无法贬低或虐待他人，建立扭曲的自我辩解体系，钝化他们的道德敏感性，降低他们自己和集体的人性水平。正如甘地所说，没有人能"在避免自己陷入讨价还价的泥潭中的同时把另一个人带下坑"。由于人类是不可分割的，每个人都对他人甚至为他人负责，都应该深切关注他们自己的生活方式。

甘地的不可分割的人性的概念构成了他批判压迫和剥削制度的基础。南非的白人、印度和其他地方的殖民政府、每个社会的富人和当权者等统治阶级都认为，他们对各自受害者的剥削和侮辱并没有以任何方式伤害自身。事实上，它同等地贬低和剥夺了他们的受害者与他们自己的人性，有时后者受到的伤害甚至更多。南非白人在剥夺黑人的生计和尊严后，也一定会损害他们自身的批判性、自我反省和公正地自我评估的能力，并成为道德自负、病态恐惧和非理性痴迷的牺牲品。在残酷对待黑人的同时，他们也在残酷对待自己，只是他们因为傲慢而没有注意到自己的生活变得有多么悲惨和肤浅。他们确实得到了更多物质享受，但这并没有让他们变得更幸福，也没有让他们成为更好的人。殖民统治者遭遇了同样的命运。当他们将被统治者视为"柔弱的"和"天真无邪的"人时，他们也一定认为自己是充满阳刚之气的和没有感情的成年人。他们无法在不扭曲和削弱自身潜力的情况下顺应这种自我形象。他们在歪曲被统治者的同时也歪曲了自己，落入了自己设下的陷阱。他们还把从国外习得的政府态度、习惯和作风带回国，腐化了自己的社会。殖民主义确实为他们带来了物质利益，但这也是以牺牲了他们更大、更重要的道德利益和精神利益为代价的。由于人类的福祉是不可分割的，压迫制度下没有赢家，只有输家，结束这个制度符合所有相关者的利益。

四维性

在许多西方思想中,人类要么被概念化为由身体和思想组成的二维生物,要么被概念化为由身体、思想和灵魂组成的三维生物。在印度传统中,关于人类的理论并不相同。甘地遵循其中的一些传统,认为人类本质上是四维的。人类有身体,这对甘地来说具有双重的本体论意义。身体是自我封闭的、独特的,彼此是明显分离的,只有通过保持其分离性才能保持其完整性。因此,这是个人主义"错觉"——每个人都是自给自足的,只是在外部会偶然地与他人产生关联——的根源。身体是感官的所在地,因此也是与之相关的需求和欲望的所在地。感官天生就"如同野马一样"不守规矩,不知节制。人类的欲望本质上是相似的,并且能够无限延伸,生来就是无法满足的。

除了身体,人还有思想。甘地对思想的看法非常复杂,而且有点儿模棱两可。思想包括意识,它从出生开始一直到死亡结束。思想还包括智性,它以多种形式出现并在多个层面运作,产生诸如分辨力、分析推理能力、洞察力和直觉等能力。思想是激情、想法、记忆和情绪所在之处。对甘地来说，它主要是一种知识和行动的工具，试图理解、控制并在世界上找到自己的出路。它虽然与身体不同，却与身体紧密相连。人类思想反思其作为具身存在的世俗经历，发展了自我的概念，这是人类的能动性和特殊性意识的来源。由于自我努力保持它的分离性和暂时的连续性，思想天生就感到不安全。它被记忆"挤满"，被过去的情感包袱"压垮"，沉迷于未来，缺乏柔软度和沉默的能力。

"我"则是人类的第三个维度。尽管它（原文为ātman）经常被翻译成灵魂，而且甘地有时也使用这个词，但最好翻译成精神。正如我们前面所见，甘地相信宇宙之魂（亦即宇宙精神）渗透或注入所有生物。"我"指的是体现在众生身上的宇宙之魂，代表着神性。对甘地来说，所有生物，而不仅仅是人类，都拥有"我"，它在所有生物身上都是一样的，而且它不是宇宙之魂的"火花"或"一个部分"（就像他有时会借用基督教词汇标注的那样），而是在本质上和宇宙之魂一样有整体性。正如甘地所说，"我们只有一个灵魂"，而且"最终是一体的"。由于他认为心是对灵魂最恰当的比喻，所以他经常换用这两个词。

作为宇宙之魂的体现,"我"具有宇宙之魂的许多基本属性。就像宇宙之魂一样,它不是一个实体、一个事物或一个存在,而是一种"力量"、一种"活性原则"、一种"智慧能量的源泉"。它是永恒的和坚不可摧的,既是活跃的,又是旁观者,是存在的最终基础。"我"的命运或内在目的在于承认它与宇宙之魂的同一性并融入宇宙之魂,即甘地称为解脱的状态或从特殊性幻觉中的解放。

到目前为止,甘地的思想与印度古典传统,尤其是不二论或一元论传统是一致的。他现在给予它一个新的解释,并表示,由于宇宙之魂体现在所有生物,特别是人类身上,对它的认同就意味着本着普世之爱和服务的精神认同众生。通过赋予解脱这样的人道主义取向或世俗取向并用道德术语定义灵性,甘地使印度教传统发生了积极的转变,为此他受到了同胞的钦佩和批评。

相信"我"不是粒子或者火花,而是宇宙之魂的总和,导致甘地像许多古典印度教作家那样发展出一种不同寻常的精神力量的概念。对他来说,"我"不是存在或事物,而是力量,是一种能量来源。正如身体是身体能量的来源一样,"我"是精神力量或者精神能量的来源。由于"我"

与宇宙之魂相同，前者显然可以获得后者的无限能量，如果利用这种能量，就可以创造奇迹。和许多印度思想家一样，甘地认为，如果个人摆脱特殊性或自我的幻觉，成为宇宙之魂的透明媒介，他就能够调动自身内在的巨大精神能量，并在他的同胞身上发挥巨大的道德力量和精神力量。对他来说，这就是耶稣、穆罕默德和释迦牟尼对他们的追随者保持强大的吸引力的秘密。甘地一生都在努力让自己身上产生这种精神力量，这就是为什么他的政治生活与他对道德完美的追求密不可分。

最后，人类具有独特的"自性"，或者说心理和道德特质，它由各种倾向和性情组成。对甘地来说，一个显而易见的生命事实是，从出生开始，人类就表现出不同的气质、心理和道德倾向，被不同的事物吸引和排斥，并根据他们的内在倾向发展。这种独特的个体本质在本体论层面与他们共有的普遍人性一样对他们的身份至关重要。它把个体凝聚起来，构成了他的独特存在或本体论真理的基础。

每个人的自然独特性需要得到解释。神不可能是它的源头，因为他平等地爱所有人，并且没有明显的理由以有区别的、不平等的方式赋予他们独特性。父母也不可能是它的来源，因为他们的自性通常与他们孩子的完全不同。

和几乎所有主要的印度教传统一样，甘地认为唯一合理的"假设"是个人的自性是他前世的产物。除了肉体，人类还拥有"细微身"，一种微妙的非物质"身体"或人格。它在人的肉体死亡后幸存，持续几世，并形成他们独特的个人身份或自性的基础。被误认为是"灵魂"的轮回的东西实际上是细微身的轮回。后者是由逝者前世所过的那种生活所留下的"印象"或"痕迹"构成的。由于微妙的或非物质的"身体"是一个人过去行为的产物，它能够改变现世的这个人，并引导（但不决定）他以特定的方式行事。

甘地还认为，业力法则就好比个人的自性，意味着重生。正如我们所见，由于宇宙之魂以理性和有序的方式运作，因此不仅是自然世界，道德世界也服从不可改变的法则。根据基督教和伊斯兰教等宗教，上帝或真主会在人死后对人进行审判，并根据他们在地球上的生活方式将他们送往天堂或地狱。和其他印度思想家一样，甘地发现这种信念前后矛盾。它预设神是一个存在或者一个人，由于前面提到的原因，甘地认为这种观点是不可接受的。它还暗示审判是在人类死后无能为力时做出的。对甘地来说，神，或者更确切地说，宇宙力量不是一个人，而是法则，人类的行动根据该法则的运作产生不可避免的后果。由于人类要对他们行动的后果负责，并且必须收获他们所种下的一切，又由于一世太短暂了，因此他们需要经历更多世才能成功地从轮回中解脱。

在甘地看来，人类本质上都是四维的，拥有身体、思想、非物质人格和精神。身体在出生时获得，在死亡时分解。思想从自性中获得了一些倾向，其余的则来自生命的过程，并且与身体是同时存在的。自性，或者说微妙的非物质人格，虽然会发生变化，但会持续数世，并且是跨时间人格身份所在之处。精神或灵魂是永恒的，而且与其他三个维度不同，它在所有人当中都是相同的。身体和灵魂代表着两个极端的方向，而思想则被二者吸引。它更容易遵循身体还是灵魂的需求，取决于个人的自性。

身体是特殊性所在。它把个人封闭在自己体内，强化了个人的分离性，并助长了自私。相比之下，灵魂代表普遍性原则，促使个人冲破自我的围墙，与所有生物融为一体。基于身体的特殊性幻觉极难摆脱，需要高度自律、对感官的征服、持续的自我反省、冥想、精神锻炼和神圣的恩典。许多印度教传统认为最后一个没有作用，但甘地主要因为受到传统基督教恩典观念调解的毗湿奴派的影响，认为它是有作用的。

尽管全人类都有一个共同的精神目的地，即解脱，但由于他们不同的心理和精神特质，他们会以自己独特的方式到达目的地。他们必须首先接受自己的本来面目，确定自己的本性，然后逐步按照自己的步调、顺着适合自己的道路走向共同的目的地。对某些人有帮助的精神训练、锻炼、宗教或者生活方式可能会对另一些人产生伤害。

因此，一个真正的宗教或者一条真正的救赎之路的想法在逻辑上是前后矛盾的。要求所有人都按照相同的公式生活，就会违背他们的本体论真理，就是在以一种好像他们不是他们自己一样的方式对待他们。每个人都必须发现自己的自性，并遵循最适合自己发展的精神道路。这并不意味着其他人不能或不应该帮助他。他的自性体现在他的行为和生活方式中，因此他的朋友、家人，尤其是精神开悟的古鲁（宗教导师或领袖）可以感受到他的精神脉搏，确定他的本性倾向和性情，并提供适当的建议和帮助。然而，是否寻求或采纳他人的建议取决于个人。如果他拒绝它并犯了错，他应该自由地这样做，不是因为他的生命是他自己的，或者像自由主义者所说的那样只有他自己最了解自己的道德利益，而是因为他在本体论层面是独一无二的。尊重他的完整性，要求他的观点和生活方式应该从他看待世界的方式中发展出来，并反映他的存在或真理。这就是为什么说服与强制有本质的区别。与后者不同，前者尊重且加强了对方的整体性，并确保看待世界的新方式在他改变后的存在中生根发芽。对甘地来说，所有的强制行为都是邪恶的，只有当个人行动会产生严重的社会后果并且无法以其他任何方式阻止的时候，强制才是正当的。然而，不应允许用任何委婉话语或口头诡辩来掩盖这样一个事实，即强制行为侵犯了个人的真理或完整性，并且令人遗憾的是，它是不可避免的。

和许多印度哲学家一样，甘地将自由置于真理之下。由于每个人都有自己独特的本体论真理或章程，他需要自由来发现自己并按照自己的步调发展。自由是他能够做真实的自己的必要基础和前提。剥夺一个人的自由就是强迫他不忠于自己，靠别人的真理生活，在他存在的核心植入一个谎言。对甘地来说，自由的理由很简单，与真实的理由一样。尊重真理意味着尊重在特定的时间点出现的人类，还要尊重他们对遵循自身存在逻辑的需要。对真理的热爱涉及对人类同胞的独特性的爱，而不是爱别人希望他们呈现的样子，并且排除了所有"强迫他们自由"或者在抽象的、非个人理想的祭坛上牺牲他们的企图。

道德理论

甘地的人性理论是他的道德理论的基础。正如我们看到的,对他而言,道德在于服务众生并与众生融为一体。在消极方面,它涉及避免伤害他们;在积极方面,它涉及"擦去每一双眼睛中的每一滴泪",并帮助他们充分发挥道德潜力和精神潜力。在甘地看来,道德与灵性或宗教是密不可分的。由于灵性在于与宇宙之魂融为一体并培养对众生的爱,它必然需要道德。相对地,后者嵌入并预设了前者。甘地的推理并不容易理解。总的来说,他似乎认为,由于道德涉及对众生的不吝啬和不计后果的服务,如果没有合适的精神方向,没有人会有理由、倾向、热情和精力这样做。正如他曾经说的那样,有道德的人就像诚实的雇佣兵,而有精神的人就像热忱的爱国者。这两种人都做正确的事,但他们的行动在风格、可靠性、承诺和精力方面有很大的差异。

尽管道德需要对所有生物无私关怀,但人类的道德能力有限,对其他社会知之甚少,精力也有限。因此,他们应该把注意力集中在他们认识和有所期待的人身上,始终确保他们不会以牺牲他人为代价来促进自己的利益。一个有道德的人必须活得因地制宜、符合背景，但对背景的要求必须不断地由普遍义务的紧迫性来判断。对甘地来说，这是唯一的方法，既防止抽象的普遍主义忽视那些与一个人有特殊关系和承诺的人的要求，又防止无视更广泛的责任而不加批判地献身于后者。

对甘地来说，为人类同胞服务不是一项单独和独立的活动，而是渗透了一个人所做的一切事。丈夫、父亲、儿子、朋友、邻居、同事、公民、雇主或雇员，并不是各自都有独特的规范和价值观的众多角色，相反，扮演这些角色是实现一个人的人性和与同胞建立联系的不同方式。例如，作为一个邻居，一个人不仅应该避免滋扰邻居，还应该帮助自己的邻居，积极关心他们的福祉和周围环境的质量，并帮助创建一个充满活力的社区。类似的服务精神和人道精神应该注入一个人的谋生方式，后者应该被视为奉献，被视为一个人参与促进公共福祉的形式。金钱奖励不是促进公共福祉的目的，而是附带的必要结果。甘地认为，通过为自己的每项活动带来"人性的芬芳"，每个人都能以自己的小小方式帮助改变人际关系的质量，并为创造一个更美好的世界做出贡献。安慰寡妇、教育邻居的孩子、照顾生病的亲戚、为生病的朋友买东西这样"安静、朴实的服务"是从人类的全部不幸中"捡起一块土",它们与更有魅力的社会服务和政治行动形式一样重要,前者有时会产生更持久和更有益的结果。

> 每当你有疑问,或者自我过于膨胀的时候,请进行以下测试。回想一下你见过的最贫穷和最弱小的人的脸,问问你自己,你经过深思熟虑所做的计划是否会对他有用。他会因此得到什么吗?这会让他重新掌控自己的生活和命运吗?

影响

在结束本章之前,我们应该注意甘地的人性理论的三个重要特征。第一,它绕过了西方关于人性本善还是本恶的传统争论。由于人类有灵魂且本质上是有灵性的,因此他们具有明显的向善倾向。然而,这并不意味着他们总是热爱和追求善,因为他们往往缺乏真正的自知之明,受制于基于身体的特殊性幻觉,而他们的自性可能会促使他们行恶。这就是说,人类具有一种根深蒂固的感知和追求善的能力,如果这种能力被唤醒和被激活,他们就会付诸行动。

第二，甘地的人性理论避免了大多数人性理论固有的熟悉的同质化和一元论冲动。在这些理论中，人类具有特定的本性或本质，这决定了他们应该如何生活。由于它们认为所有人的本质都是相同的，因此只有一种生活方式被认为对他们来说是最好的，并且可以正当地强加给那些没有它的人。甘地的人性观避免了这种危险。虽然所有人都有灵魂或精神，因此有一个共同的目的地，但他们也是天生独一无二的，并且有不同的中间目标和实现这些目标的方式。甘地的观点因此既强调人的同一性，又强调差异性，并为自主性和多样性留下了充足的本体论空间。正如我们所见，他用一个值得怀疑的重生理论来解释人类的个体性。当欣赏他对我们的人性概念结构中作为基础的多样性的关注时，我们也有理由不接受该理论。

第三，甘地对"欧洲人"的权利和义务观念以及它们的人为对立深感不安。人们经常主张，权利和义务是相互排斥的，因为没有什么既可以是权利又可以是义务，权利是对自由的行使，而义务则是对自由的限制。正如我们所见，甘地对此问题的看法截然不同。对他来说，这两者如同一枚硬币的两面，不可分割且相互调节。打个比方，自我发展或者个人自主权是一项权利，因为每个人都是独一无二的，应该可以自由地发展适合他的心理和道德特质的生活方式。但它也是一种责任，因为这是一个人为社会做出独特贡献并偿还他不可避免的生存债务的唯一途径。同样，一个人有权利照顾自己的孩子，因为他们将孩子带到了这个世界上，并希望确保他们茁壮成长，同时这也是责任，否则孩子们将会被忽视，无法发展成为具有自主决定能力和道德意识的行为主体，从而成为社会的负担。为了强调权利和义务的不可分割性，甘地喜欢使用多义的梵文词语"dharma"，它表示自然、权利和义务。因为每个人类行动都既是权利又是义务，同时具有个人维度和社会维度，因此必须以对社会负责的方式定义和行使权利，并以顾及行为主体的独特性和要求的方式定义和履行义务。

第四章

非暴力不合作

如同任何一个为南非的种族歧视、英国在印度的殖民统治及其他社会的丑恶和不公正现象奋斗终身的人一样,甘地也在思考一个高尚的人应该在这些社会斗争面前如何表现。传统上,人们会依赖理性的讨论甚至暴力冲突,来分别吸引理性主义者和信奉绝对的"肉体力量"的人。而对甘地来讲,这两个方法在方方面面都不适合印度社会,于是他发现了迄今为止还没有任何人使用过的"灵魂力量"和"真理力量"。

理性和暴力的局限性

对甘地来说，理性讨论或劝说是解决矛盾的最佳方案。他认为理性讨论在以下两种情况下才能发挥效果。第一，由于人类容易犯错而且偏心，所以每个人应该真诚地努力站在对方的角度来看待有争议的话题。如果任何一方持有教条主义观点，自以为是或者固执己见，他便不会愿意质疑自己对争议话题的看法，也不会设身处地为对方着想，并理解为什么对方会有不同的观点。

第二，人类的理性并不运作于心理和道德的真空中。人类是一种拥有偏见、怜悯和厌恶的复杂生物，而这些情绪扭曲和限制了理性的力量。如果一个人不关心其他人，对他人没有同感，甚至认为对方比自己低等，他就不会考虑其他人的利益，同样也会找各种理由不理会这些利益。即使他理性地理解对这些人的利益的平等主张，他也缺乏尊重以及促进这些主张的动机。甘地诉诸自己的经历。他曾经试图说服南非白人，非裔和亚裔在南非理应享有平等的权利；对于英国政府，他试图说服其接受印度人自治的理念；对于高种姓印度教徒，他试图说服他们，贱民制度是卑劣的。每一次争论中，他的反对者要么没有看到他的论点的力量，要么用一些似是而非的反驳论点来驳斥，抑或是认可甘地的观点但拒绝或者根本没能采取任何行动。在甘地看来，这是因为他们的同理心范围非常狭隘，以至于容不下他们制度下的受害者。用甘地非常喜爱的一句话概括就是，头脑和心灵是一体的，如果内心拒绝别人，那么头脑也会倾向于这么做。理性主义者相信人类是仅受有"分量"的论点引导和驱动的，而这种观念在甘地看来是错误的，因为这是一种"偶像崇拜"和"盲目信仰"的行为。由于自私、道德想象力的失败、仇恨、恶意及深深的偏见，人类往往既没有开放的思想，也没有开阔的胸襟。尽管原则上是可取的，但理性讨论的实践价值是有限的。"对深陷偏见的人来说，诉诸理性比不为所动更糟糕。"

意识到理性讨论的局限性，很多人转变态度，认为只有用暴力来保卫公正才是唯一可行的方法。一些人对此持纯粹的工具主义观点，认为如果其产生了预期的结果，那么它就是完全合理的。另一些人虽然承认暴力冲突在道德上是难以接受的，但仍然为其作为限制更大的恶的手段正名。甘地对历史上暴力轻而易举的合理化和被利用深感不安。他意识到，暴力往往是挫败感产生的，许多使用它的人讨厌它，但不得不诉诸暴力，只是因为他们没看到其他可以对抗根深蒂固的不公正现象的方法，必须将诉诸暴力大部分归咎于道德盲目且思想狭隘的统治群体。因此，虽然他准备容忍在无法忍受的条件或严重的挑衅下的自发暴力，但他完全反对将其作为一种蓄意推动社会变革的方法。

暴力的使用否定了人皆有灵魂。人类具有欣赏和追求善的能力，没有人堕落到无法被同理心和人性征服。另外，人类也会打心眼儿里对做什么才是正确的各执一词，"从事件的片段和不同的视角来判断真相"，他们所有的信念都可能是错误的，但也是可纠正的。在甘地眼中，暴力的使用否定了这一点。为了将伤害甚至杀害某人的极端做法正当化，一个人必须假设自己是绝对正确的，而对方是完全错误的，并且暴力一定会达到预期的结果。滥用暴力的后果是不可逆的，生命一旦终结或者危在旦夕，就永远无法复活或者恢复如初。不可逆的行为需要绝对可靠的知识来证明其正确性，这显然是人类无法企及的。甘地承认，从逻辑的极端来讲，他的"相对真理"理论破坏了行动的基础，因为如果一个人不断地怀疑自己可能完全错了，他就永远无法行动。但是他认为一个人至少应该承认自己的错误，并留有反思和重新考虑的余地，而暴力是不可逆且情绪化的，不允许反思和重新考虑。

甘地在道德立场上也反对使用暴力。道德在于做正确的事情正是因为人们相信它是正确的，并且需要信念和行为的统一。暴力的使用并没有改变对手对真理的认知，而是迫使他以违背其坚定信仰和道德操守的方式行事。甘地进一步论证道，暴力其实很少能达到最终目的。当暴力行为达到其直接目标时，它才会被认为是成功的。然而，如果要通过长期结果来评判暴力，我们的结论将会大相径庭。每一次看起来成功的暴力行为鼓励了认为暴力是唯一能有效达成预期目标的方法的看法，使一个人养成了每次遇到反对就诉诸暴力的习惯。而社会也同样习惯了用暴力解决一切问题，从而不再有动力去寻求其他可替代的方案。暴力还会出现恶性通货膨胀式的发展。每一次成功的暴力冲突都会削弱一个社群的道德敏感性，并提高暴力的阈值，因此随着时间的推移，需要更多的暴力手段才能达到同样的效果。在甘地看来，有史以来几乎每一场革命带来的都是吞噬了后代发展的恐怖统治，而没能创造一个更好的社会，这些事实证明传统的革命理论存在着致命的缺陷。

最后，对甘地来说，处于大部分暴力理论核心的"手段-目的"二分法是错误的。在人类生活中，所谓手段并不是无生命的工具，而是人类的行动，根据定义，这些手段不能超出道德的管辖范围。为一个目标而战的方法并不是外在因素，而是目标的组成部分之一。朝着理想目标迈出的每一步都塑造着它的性质，必须格外小心，以免最终目标被扭曲甚至被破坏。目标并不存在于旨在实现它的一系列行动结束时，而是一开始就笼罩着这些行动。所谓手段，其实就是目的的雏形；所谓目的，便是自然开花的种子。既然如此，就不能通过不公正的手段来进行争取社会公正的斗争。

> 非暴力革命并不是夺权计划。这是一个关系转换的计划，以和平的权力交接结束。

灵魂力量

甘地总结说，由于两种对抗不公正的方法都不够充分，并且存在严重的瑕疵，我们需要一种新的方法。它应该激活灵魂，调动个人潜在的道德能量，吸引头脑和心灵，创造一种有利于本着彼此友善的精神和平解决冲突的气氛。甘地认为他的非暴力不合作思想满足了这一要求。他在南非反对种族歧视的运动中首次发现并尝试了它，并在反对英国对印度的统治和本国社会的不公正做法的过程中不断完善它。

对甘地来说,"萨蒂亚格拉哈"意为公民对真理的坚持或者坚韧不拔的追求,旨在穿透偏见、恶意、教条主义、自以为是和自私的屏障,触及并激活对手的灵魂。无论一个人多么堕落或教条主义的程度多么严重,他都有灵魂,因此有能力同情其他人并承认他们的共同人性。即使是希特勒和墨索里尼也并非不可救药。他们也爱他们的父母、妻子、孩子、朋友和宠物,从而表现出人类基本的同情心。他们的问题并不是缺乏这种能力,而是反将这种能力发挥在少数人和事物身上,而我们的任务便是找到扩大这种能力的发挥范围的方法。非暴力不合作是一种"灵魂的手术",一种激活"灵魂力量"的方式。对甘地来说,"受难之爱"是做到这一点的最佳方式,并形成了他的新方法的鼓舞人心的原则。正如他所说:

> 我得出一个基本结论:如果你想做一些真正重要的事情,你就不能仅仅满足理性,还必须打动人心。引发理性更多是对头脑的要求,但穿透内心的则是苦难。它激发了人的内在理解。苦难

是人类的徽章，而不是宝剑。

面对不公正，非暴力不合作的信奉者寻求与他的对手对话。面对后者，他并没有教条式地强调自己的要求是正义的。他知道自己可能会持不公平的态度或者有偏见，因此邀请他的对手与他一起寻找"真理"或关于争议事项最公正的行动方案。正如甘地所说，"我本质上是一个善于妥协的人，因为我永远不确定自己是对的"。当对话被拒绝或沦为公共关系中的虚伪行为时，这位非暴力不合作的信奉者坚持他真诚地相信可以满足他的正义要求的原则立场，有耐心而毫无怨言地忍受对他施加的任何暴力。他的对手则将他视为敌人或者麻烦制造者。他拒绝持相同看法，而是将对手视为人类同胞，他有责任恢复对手暂时黯然失色的人性。由于他唯一关心的是引起对手的道德反应，他尽一切可能让对手放松，不去骚扰对手，也不让对手难堪、愤怒或者受到恫吓，希望借此在对手身上引发一种缓慢的、高度个人化的、十分复杂的自我反省过程。一旦他的对手表示愿意本着真诚的善意谈话，他便会停止斗争，并赋予理性在更为友好的气氛中发挥作用的机会。

同康德和约翰·罗尔斯一样，甘地认为每个社群都需要广泛的正义感才能团结起来。但与他们不同的是,他认为正义感是高度理智的,需要一种更深刻的、能引发感情的共同人性来赋予它深度和活力。人性意识在于承认基本的本体论事实,即人类福祉是不可分割的,在贬低和残酷对待他人的过程中,人类也在贬低和残酷对待自己,如果没有互相关心的精神,他们就无法维持共同的集体生活。人性意识构成了社群重要的道德资本,没有它就无法防御或者对抗不公正、剥削和压迫的力量。培养和巩固人性意识,从而为真正道德的社群奠定基础是一项缓慢而痛苦的任务,更是一项集体责任,甘地亲自承担了这一责任。他承担了公恶的重担,试图将自己和对手从公恶专横的无意识行为中解放,并帮助减轻不人道的流行程度。正如甘地所说,古代先贤"以德报怨以制怨"。甘地坚持这一项"基本道德真理"。

在他所有的非暴力不合作运动中,甘地都遵守了某些基本原则。在此之前,他对形势进行了仔细的研究,耐心地收集事实,对目标进行合理的辩护,对民众进行鼓励以使对手相信非暴力不合作运动信奉者的强烈情绪,并对对手发出了谈判机会的最后通牒。在整个非暴力不合作运动中,与对手的沟通渠道保持畅通,双方态度都不允许过于强硬,并鼓励有人充当中间人的角色。非暴力不合作运动家必须保证不使用暴力,或不拒绝被逮捕甚至被没收财产。被囚禁的非暴力不合作运动家被指定了类似的规则,他们被期望彬彬有礼,不要求任何特权,按照命令行事,并且永远不争取那种"没有也不会损害他的自尊"的便利。

甘地从受难之爱的精神影响方面解释了非暴力不合作的有效性。非暴力不合作运动家对他的对手的爱和高尚道德解除了对手的武装,化解了自己的愤怒和仇恨的情绪,并调动了自己更高的本性,而他无怨无悔的受难剥夺了对手胜利的喜悦,调动了中立的舆论,在自己内心营造了一种有利于冷静反省的情绪。两者共同引发了批判性自我反省的复杂过程,非暴力不合作运动正是依靠这个过程取得了最终的成功。光有爱是不够的,否则非暴力不合作运动家可以在不发起任何运动的情况下直接以德服人;光有苦难同样不够,因为它没有价值,而且如果伴随仇恨和愤怒,只会适得其反。爱使苦难精神化,苦难本身只有心理价值,而苦难赋予了爱心理能量和道德力量。在甘地看来,我们对人类灵魂的运作知之甚少,以至于很难理性地解释非暴力是如何运作的。"在暴力中,没有什么是看不见的。非暴力则有四分之三是不可见的",它以一种"沉默和不动声色"的方式起作用,以至于它的运作始终保持着神秘的氛围。

尽管甘地坚持认为受难之爱是无所不能的,而且纯洁的爱能够"融化最坚硬的心",但他知道现实是完全不同的。大多数非暴力不合作运动家都是普通人,他们的宽容、爱心、决心和承受苦难的能力都明显有限,而他们的对手有时过于有偏见、冷漠无情,无法被他们的苦难动摇。毫不奇怪,甘地因此引入了类似经济抵制、不纳税、不合作、罢工等其他形式的压力,这些压力都不仅仅依赖于受难之爱的精神力量。他的言辞变得越来越强硬,他开始谈论"非暴力战争""和平反抗""文明的战争形式""没有任何暴力痕迹的战争",以及非暴力不合作运动家的"军械库"中的"武器",一切意在"迫使"对手进行谈判。不出所料,甘地的政治现实主义战胜了他的道德理想主义,而且,尽管他的主张完全相反,但他的非暴力不合作运动本质上并不是纯粹精神层面的。

除了这些及其他方法,甘地还引入了极具争议的禁食。他知道他的禁食在批评者和追随者中引发了相当大的不安,并竭尽全力为禁食辩护。他表示,他的禁食是一种受难之爱，一共有四个目的。第一，这是他表达深深的悲伤和痛苦的方式，因为他所爱的人们堕落了，令他失望。第二，作为他们的领袖，他对他们负有责任，他的禁食是他为他们的错误行为赎罪的方式。第三，这是他最后一次孤注一掷的尝试，是一次"极大的精神努力"，以唤醒他们"迟钝的良心"，"激励他们采取行动"，并调动他们的道德能量。由于各种原因，他的同胞暂时失去了理智（例如在社群暴力中表现的那样），或者对不公正和苦难变得麻木不仁（例如在贱民制度的案例中表现的那样），或者表现出完全缺乏自律（例如在非暴力不合作运动中变得暴力）。他说，通过让自己受苦并在他们身上引起同情的痛苦，他打算说服他们重新评估自己的行为。第四，禁食的目的是让争吵的双方走到一起，让他们自己解决分歧，从而加深他们的社群意识，发展他们自决和解决冲突的能力。

甘地赞同他的禁食对他的预定目标施加了相当大的压力，但认为总的来说是完全合理的。邪恶之事已经发生，需要与之抗争。道德呼吁显然已经失败了。因此，他要么默许邪恶，而这是不道德的，要么使用非暴力主张者唯一可用的手段。禁食确实增加了道德压力，但并无不当之处。

而且这不是胁迫和勒索,因为它没有以人身伤害威胁他人。显然他们不想让他死,但那是因为他们爱他,以这样的方式唤起他们的爱并没有什么不道德的,尤其是当这样做的目的是让他们成为更好的人时。

由于禁食很容易被滥用于自私的目的,甚至沦为勒索,甘地对其施加了严格的限制。第一,禁食只能针对那些由爱联结的人,绝不能针对陌生人,这就是为什么他的禁食针对他的同胞而很少针对殖民政府。第二,禁食必须有一个具体且明确的目的,它的针对对象可以很容易地理解和响应。第三,禁食的目的必须在道德层面站得住脚,尤其是在其针对对象眼中。第四,禁食不得以任何方式为个人利益服务。第五,不能通过禁食要求人们做不能做的事,也不能要求人们做很大的牺牲。第六,禁食只应由一位公认的人民道德领袖,一个长期为人民谋福祉和品德无瑕的人来做。

非暴力不合作运动的局限性

甘地的非暴力不合作理论直指其人性理论的核心,是对社会变革和政治行动理论做出的具有高度原创性和创新性的贡献。他强调理性讨论的局限性和暴力的危险，并探索突破"理性-暴力"二元论的狭隘束缚的政治实践新形式，这是正确的。非暴力不合作思想充分考虑人的理性和道德本质，强调理性讨论和道德劝说的价值。它还对人类的顽固和道德盲目十分敏感，试图通过唤醒各方的共同人性并改变他们对彼此的看法和双方的关系来克服这些问题。非暴力不合作运动的目的不仅在于解决现有分歧，还在于建立更深层次的道德和情感纽带，从而给予达成的折中方案更坚实的基础，并降低未来冲突的可能性和棘手程度。

虽然甘地的非暴力不合作运动在道德上和政治上的意义是毋庸置疑的，但这并不是他认为的灵丹妙药。尽管他正确地强调了理性和道德的统一，或者如他所说的头脑与心灵的统一，但他所抱持的所有或者大部分社会冲突都可以通过触动对方的心灵来解决的想法是错误的。有时社会冲突的发生是因为善良的人对什么构成了人类福祉也持有不同的看法。基于人类生命神圣不可侵犯的原则，一些人认为堕胎、安乐死和战争在道德上是不可接受的，而另一些人则得出相反的结论。很难看出甘地的方法如何才能解决这些分歧和随之而来的冲突。

甘地认为，人类通常会受到他人苦难的影响并为这种苦难感到遗憾，即使他们不能或不愿为此做任何事情，他的这种想法可能是正确的。然而，他忽略了一个事实，即如果他们认为受难者罪有应得，他们的反应就会不同。不是苦难本身而是一个人对它的判断决定了他对痛苦的反应，而这反过来又取决于这个人的信念，不同的人所持的信念可能也是不同的。沙佩维尔大屠杀事件中有许多南非白人无动于衷，越南的美国凝固汽油弹受害者并没有唤醒许多美国人的良知，纳粹对犹太人的残酷迫害对许多德国人亦没有影响。

甘地认为非暴力不合作运动从未失败且在所有条件下都有效的观点是错误的。如果他说这是一种自我选择的存在于世界的方式，并且无论结果如何，一个人宁愿死也不愿杀人，那么他的观点在道德上是有意义的，尽管没有政治意义。值得赞扬的是，他坚持认为非暴力不合作运动注定会成功并取得实际成果。这使他的主张遭受了不同类型的审查。对他来说，所有人都有灵魂，灵魂可以被"触摸"和"激活"，这是他的信条。结果是，他没有且不可能承认某些人可能被严重扭曲，失去希望。非暴力不合作思想预设了对手有体面感，存在一个可以暴露他的残暴行为的开放社会,以及一个可以动员起来反对他的中立舆论团体。它还假定所涉各方是相互依存的,否则受害人的不合作不会影响其对手的切身利益;受害人既有足够的自信,又有合理且有效的组织来与不公正做斗争。纳粹集中营里的骷髅几乎不可能发起非暴力不合作运动,该运动在封闭无情的集权制度下也不会成功。正如马丁·布伯在写给甘地的信中所说,没有见证人,便没有殉难,而没有殉难,非暴力不合作运动就失去了道德力量。《犹太人前线》的编辑、甘地的崇拜者哈伊姆·格林伯格在给甘地的信中写道:"如果德国出现了一位'犹太甘地',那他只能行动大约5分钟,然后会立即被送上断头台。"甘地回信说,希特勒也是人,无论如何都会被屠杀的犹太人应该维护他们的尊严和自由选择他们的死亡方式,而这样的行动必然会在瞬间或者一段时间后对普通的德国人产生影响。他的回信很有道理,但它基于对非暴力力量的不加批判的信仰,并且对集权制度残酷对待社群、让受害者失去信心、扭曲公共话语和破坏非暴力不合作运动的基本先决条件的复杂方式知之甚少。

甘地的非暴力不合作理论有许多可辩护的点,但它不可能是灵丹妙药。尽管甘地的主张并非如此,但暴力不一定伴随着仇恨和恶意,也不一定是不受控制的。与非暴力一样,它也可以受到限制、衡量,诞生于对不公正行为的受害者和加害者的爱中,并被用来制止人类的堕落。对甘地来说,更明智的做法不应该是只用一种"至高无上"的行动方法,而是坚持多种方法,根据情况需要单独使用或者与其他方法结合使用。由于对不同的情况需要做不同的反应,暴力有时可能会取得非暴力无法取得或只能以高得无法承受的人类苦难为代价取得的结果。

尽管甘地的非暴力不合作运动有其局限性,而且他对其具有"至高无上的效力"的主张是错误的,但它是一种强大的、新颖的、道德占主导地位的社会变革方法。毫不奇怪,它已被不同国家借鉴和尝试,并因地制宜地做了适当的调整。美国是这方面一个很好的例子。从20世纪30年代初期开始,许多美国黑人领袖前往印度寻求甘地的建议并研究他的方法。他们的承诺给他留下了深刻印象,以至于他说:"可能只有通过黑人,才能向世界传达纯正的非暴力信息。"马丁·路德·金领导的20世纪五六十年代的美国民权运动证实了甘地的希望。金开始"对消除社会罪恶的方法进行严肃的知识探索",他求助于包括马克思在内的许多作家，但发现他们都帮不了他。1950年，霍华德大学的时任校长莫迪凯·约翰逊的一次演讲提醒了他关注甘地的非暴力不合作运动的重要性。金仔细地拜读了甘地的著作并从中得到了"智力和道德上的满足"，他写道：

> 当我拜读甘地的著作时，我对他的非暴力抵抗运动深深着迷……"萨蒂亚格拉哈"的整个概念……对我来说意义重大。随着我对甘地哲学的深入研究，我对爱的力量的怀疑逐渐消失，我第一次看到它在社会改革领域的潜力。在阅读甘地的著作之前，我大概得出结论，耶稣的道德原则只在个人关系中有效……但在阅读甘地的著作之后，我发现自己大错特错。甘地可能是历史上第一个将耶稣的爱的伦理提升到个人互动之上，使其成为强大而有效的大规模社会力量的人……正是在甘地理论对爱和非暴力的强调中，我发现了我这么久以来一直在寻找的社会改革的方法。

金分享了甘地对受难之爱的力量的信仰，对暴力的憎恶，对头脑和心灵的强调，对唤起不公正受害者的意识以及使其建立自信心的关注,还有对有效的组织和鼓舞人心的领导者的关键作用的重视。然而,如果金不适当修改甘地的方法,他就无法将其用于美国的情况。他是一名基督教徒,因此甘地的形而上学对他的吸引力有限。正如他所说,"基督提供了非暴力抵抗运动的精神和动力,而甘地则提供了方法"。甘地的禁食、对个人纯洁的精神力量的信仰,以及随之而来的对极简生活和感官征服的强调对金并没有吸引力。这令人费解,因为基督受难是基督教的中心主题,人们本以为金会探索重申并重新制定它的方法,并在他的政治行动中调动其巨大的象征潜力,就像甘地在禁食中所做的那样。同样,考虑到金在很大程度上是在民主的背景下领导运动并希望黑人融入美国社会这一事实,甘地不与法律、政治和文化机构合作的方法与他无关。在某些方面,金似乎比甘地更敏锐地意识到邪恶的力量(美国新教神学家雷茵霍尔德·尼布尔的思想影响加强了这种意识,尼布尔既赞赏又强调甘地非暴力思想的局限性),并和他的追随者一同防范"关于人性的肤浅乐观主义的幻想和虚假理想主义的危险"。金的民权运动表明了甘地的非暴力不合作运动的普遍相关性,以及对其进行创造性改编和发展的必要性。

第五章

对现代性的批判

自19世纪初期以来,现代工业文明一直是一个争论不休的话题。它具有理性主义、世俗化、工业化、科学文化、个人主义、对自然的技术控制、全球化趋势和自由民主的特征。很少作家对这些特征感到完全高兴或完全不高兴。唯一的问题是,他们认为现代文明总的来说是一种善的力量还是一种恶的力量。答案取决于他们的评估标准,他们将其可取的和不可取的特征联系起来的方式,以及在他们看来后者是偶然的、可消除的,还是深深嵌入现代工业文明的整体结构并与其密不可分的。毫不奇怪,诸如约翰·斯图尔特·穆勒、阿历克西·德·托克维尔、托马斯·卡莱尔、梭罗、拉斯金、马克思、马克斯·韦伯和涂尔干等作家得出了不同的结论。无论他们推崇、批评还是谴责现代性，他们都是站在欧洲的角度。

自制力的缺乏

尽管甘地具有同时从欧洲和非欧洲的角度观察现代文明的优势，但他对后者更为熟悉和支持，并且主要是通过自己作为受害者之一的角度来看待它。他将它称为现代文明而非欧洲文明或西方文明，一部分是为了突出其历史特殊性，另一部分则是为了强调欧洲本身长期以来培育了一种不同的文明，这种文明与包括印度在内的非欧洲文明有很多共同点。

对甘地来说，每一种文明都受到了人类的一种独特观念的启发和激励。如果这种观念是错误的，它就会腐蚀整个文明并使其成为邪恶的力量。在他看来，现代文明就是这种情况。尽管它取得了许多值得褒扬的成就，但它也存在着根本性的缺陷，这一点在其侵略性、帝国主义、暴力、剥削、残忍，以及使人不幸、不安、缺乏方向感和目标感的事实中显而易见。甘地认为，这是因为现代文明忽视了灵魂，偏爱肉体，误解了理性的本质和局限性，没有重视个体的自性。根据我们之前的讨论，很容易理解为什么甘地认为现代文明的这种观点根本上是错误的，并且违反了人性的内在平衡和等级体系。

正如我们所见，甘地认为身体有两个基本特征。它把行动主体封闭在自身之内，滋生了个人主义，而这则是欲望的源泉。由于现代文明赋予身体特权，它必然受到自利和无纪律的自我放纵这两个相互依存的原则的驱动。它是有欲望的，被欲望支配，沉溺于无节制地满足欲望，缺乏界限感和道德深度。它在本质和方向上是"物质主义的"，因为它重视物质财产和消费，几乎排斥其他一切，并以经济为中心。在贪婪和无情竞争的驱动下，经济导致大量财富聚集在"少数的资本家"手中。他们只有一个目标，那就是盈利，也只有一种盈利手段，即生产满足人们不断增长的需求的商品。他们在不断刺激厌倦的食欲、培养新的需求以及营造一种不希望商品每天涌入市场是不正常的心理氛围方面拥有重要的既得利益。毫不奇怪，欲望的自律或道德管控几乎没有价值，而这些正是人类尊严的象征。

> 文明在真正意义上不在于增殖,而在于有意识地、自愿地限制需求。仅此一项就能促进真正的快乐和满足,并提高服务能力。

资本家对利润的追求导致了机械化和"工业主义"。在甘地看来,机械减轻了苦工,创造了闲暇,提高了效率,在劳动力短缺的时候是不可或缺的。它们的使用应以一种深思熟虑的道德理论为指导,该理论表明了人类应该如何生活、度过空闲时间,以及如何与其他人相处。由于现代文明缺乏这样的理论,只是受对利润的追逐的推动,所以它使生产机械化,而不考虑更为广泛的道德后果、文化后果及其他后果。机械是在没有明显需求的情况下引入的,甚至是在可能导致数千人失业的时候引入的。对甘地来说,机械化或科技拜物教与更大的工业化现象密切相关,工业化显然是另一种自我推动的、永无止境的创造越来越大的工业的过程,除了生产廉价消费品和实现利润最大化,没有其他目的。由于现代经济生活在没有任何人控制的情况下遵循其自身不可阻挡的势头,它使人类沦为无能为力和被动的旁观者,这代表着一种新形式的奴隶制,它比之前的奴隶制更舒适、更不公平,因此也更危险。

基于这样的信念，即一个人除非不断地移动，否则就没有生命，以及生活节奏越快，人就越有生命力，现代文明本质上是不安分的，缺乏稳定性。它旨在征服时间和空间，并开发越来越快捷的交通和通信方式。汽车被火车替代，而火车又被飞机替代，但从来没有人问为什么需要如此快的旅行，以及打算把节省的时间用来做什么。由于其被错误地等同于活力与能量的躁动性和"盲目激进主义"，现代文明破坏了人与环境和同胞的团结，并摧毁了稳定和长期存在的社群。在没有自然根源和社会根源，也没有唯一赋予人类认同感和连续性的稳定而持久的目标的情况下，人们变得抽象、不确定、空洞，彼此之间最好的联结是漠不关心，最坏的联结则是互相为敌。

结果是，道德生活遭受了严重的扭曲。它变得和关系受它规范的人类一样抽象，并用一套非人格化的规则取代了美德。道德不被视为人的尊严的表达和实现，而是对自由的限制，是为了能够不受阻碍地享受自己剩余的自由而必须缴纳的一种税。因此，它被缩减到最小规模，只需要防止人们互相伤害或互相摧毁。

由于道德生活缺乏善意和相互关怀之情的土壤的滋养，它越来越依赖于恐惧的非道德动机。现代人小心翼翼地不伤害他人，以免他们伤害自己，对他人做好事作为对未来的投资。道德沦为互惠利己主义或开明的利己主义。由于利己主义不是一项道德原则，所以甘地认为开明的利己主义也不是。在现代文明中，道德是一种审慎的形式，是一种更有效的追求私利的方式，甚至几乎被消灭。

在甘地看来，现代文明剥夺了道德重要的内在维度，忽视了他所称的灵魂品质。对他来说，嫉妒、厌恶、仇恨、卑鄙、恶意、幸灾乐祸，以及肮脏的思想和幻想，都是反映出发育畸形和粗俗的灵魂的道德杂质，道德的行为主体应该努力消除它们。现代人只关心在世界上出人头地，过上舒适的生活，不仅看不到灵魂纯洁性和动机质量的价值，而且觉得它们是障碍。现代文明的理想和必要基础不是慷慨、善于反思、会自我批评、敏感和慈悲的人，而是坚韧、有进取心、雄心勃勃和以自我为中心的人。

甘地继续说，现代人花费大部分精力试图在充满敌意和不稳定的环境中稳定自己。他们既没有意愿也没有能力放慢自己的生活节奏，独处，审视内心，反省自己的生活方式，培养内在的能量源泉。他们生活在自己之外，身心俱疲。他们内心空虚，不敢面对自己，很容易厌烦，狂热地寻找新的能量和娱乐来源。甘地认为现代文明有一种

"无用"且"疯狂"的压抑气氛,并且不久便会自我毁灭。

在甘地看来,对人类同胞的剥削已经融入现代文明的结构。消费者不断被操纵,想要得到他们并不需要的不符合他们长期利益的东西。工人们被迫在不人道的条件下从事乏味的工作,仅能维持生计,而且少有发展智力和道德潜能的机会或激励措施。穷人被鄙视;弱小的种族被视为次等人并被买卖;弱小的民族被征服,被无情地压迫和剥削。对甘地来说,欧洲帝国主义是位于现代文明核心的侵略和剥削冲动的自然表现。

在甘地看来,现代文明建立在大规模暴力之上,并由大规模暴力维持。它涉及人们对自己的暴力,因为在一个满是野心勃勃、好胜和惧怕彼此的人的社会中,如果不培养一种刻板和好斗的心理,任何人都无法蓬勃发展甚至生存。它还涉及在个人和集体层面对他人的暴力行为。由于个人感受到他人的威胁并迫切希望与他人保持可控的距离,他们依赖于使用或威胁使用语言、情感、道德甚至身体上的暴力,最终得到国家集中暴力的支持。有组织的团体、阶级和国家之间的关系更加紧张和具有侵略性,并因正面冲突或冷战而伤痕累累。现代文明还涉及大量对自然的暴力行为。后者的资源被无情地开采,节奏被打乱,平衡被打破，动物也被随意杀死或折磨，用于制作食物、运动用品、华丽的服装，以及开展医学实验。在甘地看来，暴力从现代社会的"每一个毛孔中渗出"，并已成为一种生活方式，以至于今天的人类有可能失去注意到它无处不在的能力，更不用说找到应对它的方法了。尽管它声称以人的尊严、平等、自由和礼仪等价值观为基础，但现代文明本质上是军国主义和暴力的。殖民征服、奴隶制、两次世界大战、过去几个世纪欧洲历史上的无数内战和对外战争、纳粹对犹太人的大屠杀等，形成了一种过于一致和反复出现的模式，不能被视为偶然事件或过失。当被人问及对欧洲文明的看法时，甘地回答道："这（让欧洲变得文明）是个好主意。"

幼稚的理性主义

对甘地来说，现代文明的另一个显著弱点是未能理解理性的本质和局限性。它主要以实证主义的术语来定义理性，使其成为知识和行动的唯一来源，并不分青红皂白地将其扩展到生活的各个领域。换句话说，它使理性成为一种"迷信"，并构建了一种站不住脚的、最终成为"非理性"的理性主义意识形态。甘地将理性视为一种重要的人类能力，它在人类生活中发挥着不可或缺的作用，但理性主义则完全不同。正如他所说：

> 在这个理性时代，每一个宗教的每一句惯用话语都必须经受理性和普遍认同的检验……但当理性主义声称自己无所不能时，它就是一个可怕的怪物。将全能归因于理性是一种糟糕的偶像崇拜，就像崇拜木头和石头并相信它们是上帝一样。我恳求的不是压制理性，而是理解其内在的局限性。

甘地认为理性主义是错误的、有害的学说。人类经验的某些领域，如宗教，超越了理性并需要信念。它们显然必须满足理性，但不能局限于理性的狭窄范围内。另外，在道德和政治等人类经验的某些领域，理性本身是不够的，还需要智慧、传统、良心、直觉和道德洞察力的指导。理性的结论必然是不确定的，并且容易被更高级的论据不断推翻，因此它们永远无法构成人类生活的基础。理性主义只重视一种形式的知识，即科学。因此它边缘化、忽视或压制了许多宝贵的人类能力和知识形式，并带有深刻的反多元主义偏见和强烈的偏狭倾向。根据理性主义，人类生活是透明的，迟早是完全可知的，而科学上无法知道的东西要么不存在，要么不值得知道。因此，理性主义滋生了"傲慢"和"非理性"的信念，即人类有能力按照自己喜欢的方式塑造世界。它缺乏对自身局限性的认识，缺乏对生活的偶然性和不可预测性的感受，缺乏倾听人类灵魂含混不清的低语和在模棱两可中生活的能力。

理性主义还从其他人类能力和更广泛的生活方式中提炼出理性，用它来评判个人和社会并为其分级，为那些被认为不那么理性的人的统治辩护。对甘地来说，理性主义本质上是等级制的和传教式的，并且具有强烈的帝国主义倾向。他想到了南非的种族主义者和印度的大英帝国主义者对待被压迫者并使自己的统治合法化的方式。最后，理性主义倾向于使人同质化并压制他们的多样性。它为全人类树立了相同的理想，只把一种生活奉为最高的或真正人性的生活，并要求所有人都遵循它。因此，理性主义既忽略了人类不可避免的独特的自性，也忽略了他们定义和过美好生活的截然不同的方式。甘地认为每个人都有自己独特的身份，并植根于特定的文化传统。对别人有益的东西不一定对这个人有益,即使对他有益,他也必须以他自己独特的方式去获得它。理性主义忽视了这个重要的真理并侵犯了人类的完整性。

国家主义文化

甘地认为,高度集权和官僚主义的现代国家享有并小心翼翼地保卫着其对政治权力的垄断,是现代文明的必要产物。热衷竞争和有侵略性的人无情地追求自己的利益,只能被一个威慑力强、武装精良的国家团结在一起。由于他们互不相识,缺乏善意和相互关心的纽带,他们的关系只能由一个能够触及个人生活各个领域的强大官僚国家执行的非个人规则来规范。现代经济中生产的集中化造成了国家和国际规模的社会和经济问题,同样需要一个中央集权的政治机构来处理这些问题。失业、贫困以及现代经济造成的社会和经济不平等引发了强烈而合理的不满,需要一个武装精良的国家来阻止绝望的公民诉诸暴力。中央集权的现代国家对于保护国际市场和海外投资也是必要的。

对甘地来说,国家在保持占据社会生活的中心方面具有既得的制度利益,并制造了一种错觉,即社会问题过于复杂和棘手，无法由普通公民通过单独或集体行动来解决，最好留给国家及其官方机构。就在国家垄断了所有的政治主动权并培育了国家主义的政治文化的同时，它还倾向于垄断所有道德。由于其孤立和道德贫乏的公民缺乏器质性的联系，也没有能力自行组织和管理他们的社会关系，因此国家是道德秩序的唯一来源。国家逐渐被视为最高的道德机构，其保护是一种最高的道德价值，可以证明人类生命通常无意义的牺牲是正当的。一切道德情操都被它吸收，一切道德能量都被它挪用，一切道德规范都根据它的利益来判断，它的法律被认为是集体道德的唯一决定因素。为国捐躯被认为是至高无上的美德，为国而战是最高的职责。违反其法律的行为会遭到强烈反对，所有试图在道德尺度上衡量其行为的尝试都被劝阻，理由是政治生活要么本质上是不道德的，要么受其自身独特道德的支配。

几乎和马克思一样，甘地认为，尽管国家声称自己是超越狭隘的群体利益并追求整个社群福祉的道德机构，但实际上它不过是有组织的利益之间的冲突的舞台，被由它们之中较强大的一方操纵和控制着。甘地认为，民主政府和非民主政府同样受到统治阶级的压力。无论怎样巧妙地修饰定义，现代民主基本上只是一种政府形式。尽管民主政府由普通民众定期选举产生并对民众负责这一事实使其有所不同,但该事实也起了"伪装"作用,赋予阶级统治道德合法性。甘地对议会民主持不赞成的看法。它处于居统治地位的政党的控制之下,不受常规的民众控制,而且它的辩论往往与公民的长期利益问题无关。

> 我怀着最大的恐惧看待国家权力的增加,因为虽然它表面上通过减少剥削来做好事,但它通过摧残个性对人类造成了最大的伤害,而个性是所有进步的根源。

对现代性的反应

尽管甘地确信现代文明的基础已经"腐坏",但他并没有完全否定它,而是赞扬了他所认为的三大成就。首先,他钦佩它的科学探究精神。他注意到:

> 我一直是西方社会秩序中富有同情心的学生,我发现在充满西方灵魂的狂热之下,是对真理的不懈追求。我珍视这种精神。让我们本着科学探

索的精神研究我们的东方制度。

并不是说科学精神在前现代的西方或古代印度不为人知。相反,它是被传统主义者扼杀了,并否认了它在现代获得的整个适用范围。对甘地来说,科学精神代表求知欲、对真理的严格追求以及对既定信仰的批判性检验。现代文明虽然正确地珍视它,但以狭隘的实证主义和激进的方式定义了这种精神,并将其扩展到了最不适用的生活领域。在这里和在其他地方一样,它抓住了一个重要的真理,却因为误解和忽视它的局限性而把它变成了谎言。

对甘地来说,现代文明的第二大成就在于理解自然世界并将其置于人类更大的控制之下。它以身体为中心,将大部分能量集中在改善生活的物质条件上。它发展了人类预测和控制自然灾害、消除疾病、改善健康和公共卫生、延长寿命、减少或减轻人类苦工的能力。甘地声称,由于这些和其他成就是在一个根本上有缺陷的框架内获得的,它们遭到了严重的扭曲。维持和延长生命固然重要,但现代文明已将其变成最高价值,催生了对死亡的病态恐惧。机器在生活中占有一席之地,但现代文明并没有关于如何使用它们以及在什么范围内使用它们的理论。

此外，在甘地看来，现代文明对生活的组织方面做出了巨大贡献。它培养了公民美德、对规则的尊重、个人服从集体利益的能力、公共道德、相互尊重和守时性。甘地表示，尽管他"荣幸地复制了"许多这样的"伟大"品质，没有这些品质，他的个人生活，尤其是政治生活会更加贫乏，但现代文明再次误解了它们并忽视了它们的局限性。它将道德简化为开明的利己主义，并破坏了它的自主性。它正确地使个人服从集体利益，但未能为多样性提供足够的空间。它正确地强调了组织的价值，但将人类生活过度制度化，没有为出于良心的反对和孤独的反对者留下任何空间。强调规则是正确的，但不认识到它们永远不会详细讨论道德生活，并且只有以更精细的人类冲动为基础才能保持稳定，则是错误的。

对甘地来说，这样一来，现代文明就是一种高度复杂的人类成就，对它的反应也应该同样复杂，既要避免不加批判地赞美它，也要避免不加区别地拒绝它。现代性的基础是不稳定的，但它确实取得了值得赞扬的成就。由于这些成就是在一个根本上错误的框架内得到保障的，因此必须先消除它们的扭曲性，然后才能将它们纳入一个更令人满意的框架。例如，说机械化不好但机器好，或者说应该拒绝理性主义但保留理性探究的精神，这是不够的。现代机器是物质主义文明的产物，后者决定了它们的本质、在生活中的地位和操作模式，并且在文化上不是中立的。一个独特地构成的文明必须使用可用的科学知识来开发不同种类的机器并将它们用于不同的用途。现代文明的其他成就也必须经历类似的批判和"清洗"过程。

评估

尽管甘地对现代文明的评论与卢梭、拉斯金、托尔斯泰和马克思的评论非常相似，但其中包含一些独创见解，而这源于甘地相较他们享有的两大优势。作为一个被鄙视的种族和被压迫的国家的一员，他异常清晰地看到了现代文明的阴暗面。他看到，虽然欧洲拥护人类尊严、自由和平等的伟大理想，但它以一种意识形态上有偏见的方式来定义它们，并用它们来为奴隶制、殖民主义、种族主义和其他明显的邪恶行为辩护。

此外，作为丰富而结构不同的印度文明的继承人，甘地从西方评论家不易获得的视角对现代文明做了批判。他能够从外部看到它并发现它隐藏的假设、矛盾和局限性。

他看到现代文明有悖于其自我认识，充斥着侵略和暴力精神，其理性概念狭隘而有偏见，其道德贫乏浅薄，其对宗教的态度过于迷信和教条，而且它对个人和集体身份的看法忽略了他们固有的多孔性、流动性和模棱两可性。

甘地的优点同时也是他的缺点。他主要关注现代文明的阴暗面，所以忽略了现代文明的一些伟大成就和优势。由于他是从外部观察的，所以他将其过度简单化，而未能理解它的复杂结构以及它的道德视野的全部范围和深度。尽管专注于物质欲望的无尽满足，但现代文明也以寻求个人独立和自主、无等级社会结构、社会正义以及对理解人类世界和掌控自然环境的热情关注为指导。它鼓励自私和贪婪，但也促进人类团结、个性、平等、自由、创造力、理性、求知欲和人的全面发展。尽管它随意地错误定义了其中一些价值观并将它们限制在少数特权阶层，但这并没有削弱它们在世界史层面的重要性，也没有减损它们代表人类集体遗产的事实。现代文明在一个层面是物质主义的，但也有道德和精神维度。

甘地对现代文明的分析使他难以充分说明他眼中的现代文明的主要成就。他把科学精神的兴起和公民美德、组织美德的发展当作现代文明的偶然产物，而没有意识到它们与现代文明息息相关，不可能脱离现代文明而发展。甘地因此陷入了一种自相矛盾的境地，既想占用现代文明"精神"的一部分，又否定体现和培育它的制度与社会结构。这并不意味着必须完全接受或拒绝现代文明，而是需要比甘地更辩证地看待现代文明，揭示其优势和局限性之间的内在联系，并利用它自身有助于解放的潜力来超越它。

第六章

非暴力社会的愿景

甘地对现代文明的基础推动力深感不满,他在成年后的大部分时间都在探索另一种选择。在西方思想中,这种探索通常采取构建乌托邦或理想社会的形式。甘地认为,由于不同的社会有不同的历史和传统,寻求单一模式既不合逻辑又危险。它再现并强化了现代社会的实证主义和理性主义,并助长了以单一模式塑造所有社会的趋势。对他来说,批评家所能做的和应该做的就是提出应该管理美好社会的一般原则,让每个社会以独特的方式自由地实现它们。

甘地所说的美好社会的管理原则源自前文讨论过的

他的人性理论。正如我们所看到的，对他来说，人类是其余受造物的受托人，他们相互依存，并且本质上是四维的。在甘地看来，这些本体论的"真理"产生了以下原则。第一，美好的社会应该以宇宙虔诚的精神为基础。由于人类不是主人或所有者，而是其余受造物的守护者，因此他们在组织集体生活时应尊重后者的完整性、多样性、节奏和内在平衡，并且对它们的要求不超过舒适生活的要求。

第二，由于人类是相互依存的，美好的社会应该阻止一切形式的剥削、统治、不公正和不平等，它们必然会使人类的感受力变得粗糙并依赖于谎言才能继续存在。美好的社会还应该找到制度化和培养爱、诚实、社会服务、合作和团结精神的方法。

第三，由于人类本质上是精神性的，美好的社会应该帮助他们发展他们的道德和精神力量，并为自治创造条件。对甘地来说，自治指的是这样一种状态，在这种状态下，个人在道德上可以控制自己，做正确的事，自己解决分歧和冲突，并免除外部胁迫。他们拥有不妥协的独立感和自尊，并认为求助于国家或其他任何外部机构来约束以及规范他们的社会关系是一件可耻的事情。对甘地而言，自治因此预设了自律、自我约束、对彼此的责任感、既不支配他人也不被他人支配的倾向，以及义务的意识。没有这些以及相关的道德力量和美德，就无法维持自由社会。没有它们，个人自由就很容易被不断滥用，产生对道德行为主体和其他人有害的后果，需要一个越来越强大的国家来处理这些后果，从而最终进行自我否定。甘地认为西方的自由社会就是这样的情况，其大肆吹嘘的自由从来没有达到真正的自治。

第四，美好的社会应该珍视认识论的多元化。它应该认识到，理性、直觉、信仰、传统、代际积累的集体智慧、情感都是宝贵的知识来源，并为理解和应对人类生活的复杂性做出了独特的贡献。美好的社会应该鼓励它们之间的对话和创造性的互动，而不是让它们中的任何一个获得霸权或成为仲裁者。对甘地来说，理性是一种重要的人类能力，所有对知识的主张应该通过它的考验，但这并不意味着其他人类能力应该模仿它或以与它相同的方式发挥作用并验证它们对知识的主张。

第五，由于每个人都有独特的自性或道德和心理特质，并以自己独特的方式适应生活，因此美好的社会应该为个人自主提供最大的空间。它应该尊重每个人的"真理"或完整性，并允许他们自由规划自己的生活。他们可能会犯错误，但应该让他们自由地从中吸取教训。由于人类的生命彼此有重叠，并且每个人都是他们亲友的守护者，他们有责任本着慈善和爱的精神指出彼此的局限性，并在需要时提供帮助。然而，这不应该涉及任何形式的胁迫，哪怕是合法的，除非他们的行为损害了明确界定的集体利益。

甘地将这些原则应用于生活的不同领域，特别是经济和政治领域。我们将依次讨论。他经常指出，他的指导原则远比他的具体建议重要，那些赞同前者的人可能不同意后者。此外，他的建议是在印度的背景下提出的，与他的指导原则不同，他没有称其具有普遍适用性。

经济

对甘地来说，资本主义这个在他那个时代占据主导地位的经济体系在道德上是不可接受的。资本主义建立在道德上有问题的私有制的基础上。由于人的力量和才能是在社会中产生的，它们是一种社会信任，不能构成私有财产的基础。大自然也是人类的集体遗产，不能是私有的。由于每件人造物品都是社会合作的产物，因此没有人对它拥有排他性的权利。此外，资本主义受贪婪驱使，鼓励激进的竞争，增加需求，无情地剥削自然，造成了巨大的不平等，在富人中助长傲慢自大，在穷人中培养深深的自卑感和仇恨感，总的来说使所有人都退化了。

作为资本主义的替代理论，甘地提出了他著名的托管理论。它旨在避免弊端并结合资本主义所有制的优势，并代表一种在不将财产国有化的情况下实现财产社会化的尝试。富人被允许保留自己的财产，但被期望以信托的方式持有自己的财富和个人才能，并将其用于为社会服务。"贪得无厌无异于杀鸡取卵。"如果一个富人拥有一家公司、一家工厂或一大片土地，他就应该与员工一起工作，以正当的手段获利，支付体面的报酬，只拿能让他过上舒适生活的钱，将其余的钱投入他的企业或用于有价值的社会目的，让他的工人参与决策，并提供健康的工作条件和福利计划。对甘地来说，这样的经济安排有资本家但没有资本主义，有社会主义但没有国有制，是在利用资本主义的管理技巧来实现社会主义的目的。

甘地承认，这种自愿形式的社会主义或"对剩余财富的放弃"是罕见的，他的许多资本家朋友中只有一个接近这种形式。在他看来，包括非暴力不合作思想在内的受过教育和有组织的公众舆论的持续压力是建立托管的最佳方式。如果这不起作用，那他只能不情愿地通过法律强制执行。法律将规定支付给受托人的报酬"与其提供的服务及其对社会的价值相称"。他可以自由选择继承人，但必须由国家最终决定。甘地认为这样的合作决定可以同时制约双方。受托人保留财产的正式所有权，但他对利润的使用、收入和继承人的选择均受国家控制。甘地关于托管的想法很模糊，并且经过了多次修改。尽管他犹豫不决、困惑不解，但他仍然坚信资本主义这种主要的所有制形式在道德上有缺陷，必须有更好的选择。很难看出他的托管理念如何在现代社会发挥作用，但历史上并非没有与其相似的所有制形式。虽然缺乏制度形式，但在传统的印度村庄社区中能找到，在古典的雅典和罗马以及中世纪欧洲的乡村社区中也有不同的形式。

对甘地来说，一个美好社会的经济生活不应该是自主和专横的，而应该植根于道德考虑并受其指导。一个社会的财富在于其成员的性格品质，而不在于其物质对象的数量，其经济安排的目的应该是为美好生活创造必要的经济基础。这确保了它有一种内在的局限感并始终受人类集体控制。

它的所有成年成员都应该为生计而工作，这是一种权利和义务。说这是权利，是因为只有通过工作才能培养他们的自尊心、主动性、与他人合作的能力和自律能力；说这是义务，是因为工作是促进社会福祉和参与社群道德生活的重要方式之一。因此，甘地认为每个成年人都应有受保障的工作权利，这一点至关重要。剥夺一个人的工作权利就是剥夺他实现道德自我发展的权利和履行社会义务的机会。福利金是一个糟糕的替代品，因为它们在维持肉体生存的同时，对发展道德和精神力量没有任何作用。

出于前面讨论的原因，甘地认为人类只有在小型、轻松和相互依存的社区中才能获得完整的道德地位。由于这种社区在没有自己的自主经济基础的情况下会缺乏活力，他认为生产应该分散，每个社区应该在基本需求方面相对自给自足。如甘地所设想的那样，村里的土地是公有的，以合作的方式进行耕作，平分农产品，只有剩余的土地用于种植经济作物。村庄要鼓励本地工业和手工业，以使用本地产品为荣，只进口它们自己不能生产的东西。

由于村庄社区是经济的基本单位，工业化的性质、速度和规模都需要相应地进行规划。尽管大型工业是必要的，但它们应该被限制在最小规模，位于城市，并且只允许生产自给自足的社区所不能生产的东西。由于它们目前的竞争很容易导致无限生产和普遍失业的局面，因此必须严格管制。甘地还担心大型城市工业与乡村工业之间的竞争，他认为这必然会导致后者的毁灭。应该根据对当地可以生产什么以及为此保留多少市场份额所做的详细调查，制订一项国家计划。这是避免城市剥削乡村的唯一途径。甘地并不反对机器，而是反对无差别机械化，不是反对工业，而是反对工业主义，并且对贪婪驱动的工业化造成大规模失业、损害人的尊严、使人们失去根基感、摧毁本地社区、造成道德破坏和社会混乱深感不安。因此，他提倡对技术的适当使用、生态安全的生产模式，以及以人为本而非以产品为基础或主张消费主义的经济。

甘地认为，衣食住行的生产手段影响人的生存和自由，很容易导致最危险的剥削，因此应该归国家所有。国家要么自己建立这些生产手段，要么将现有的国有化。在后一种情况下，虽然国家应该适当地奖励生产手段的所有者，但不可能按照市场价格支付，这既是因为这些行业是社群集体努力的产物，也是因为国家如果不对公民强制征收附加税就无法筹集必要的资金，从而只能拆东墙补西墙。

对甘地来说，国家应该规定最低和最高收入。由于对社会有益的所有活动同等重要，又由于总收入不平等是道德腐败的、易造成分裂的，因此它们之间的收入差异（由于人类的弱点而必须存在）应该是"合理和公平的"，并随着时间的推移而减小。甘地认为，一旦人类开始将自己视为自己才能的受托人，并认识到有凝聚力的道德社群的价值，他们就会出于自豪感和责任感而提供服务，并发现对高收入的激励非常令人反感。

> 如果我们要实现非暴力，我们就绝不能希望在这个地球上得到任何最卑微或最低等的人都无法拥有的东西。

国家

正如我们所见，甘地对现代国家深感不安。它是从社会中抽离出来的、集权的、官僚主义的、痴迷于同质化的，并且充满暴力精神。他认为，由于所有盛行的政府形式都将现代国家视为理所当然，并代表了不同的组织现代国家的方式，因此它们天生就无法解决其结构性缺陷。即使是最不令人反感的自由民主制，在整合国家和社会、下放政治权力、让公民参与公共事务的处理以及减小内外暴力的广度和深度方面也无能为力。

对甘地来说,一个以自治为基础的社会——他称之为"真正的民主"——是现代国家在道德上唯一可接受的替代方案。它没有统治和胁迫,并制度化和培养人民的力量。这个社会里的人是,并且知道自己是自治权力的唯一来源,他们自己管理自己的事务。自治不仅涉及政府的定期问责制,还涉及民众权力的日常行使;不仅涉及公民权利和政治权利的享受,还涉及根深蒂固的掌握自己命运的意识;不仅涉及自由,还涉及权力。

正如甘地所设想的那样,以自治为基础的政体将由小型的、有文化的、组织良好的、彻底重建的、自治的村庄社区组成。虽然他在这一点上并不完全清楚,但他希望这些社区可以自主管理地方事务,并选举一小部分人来执行它们的决定。它们将执行司法、维持秩序并做出重要的经济决策,并且不是简单的行政部门,而是强大的经济和政治单位。因此,它们将具有强烈的团结意识,产生真正的社区意识,并充当培育公民美德的苗圃。

在相对自给自足的村庄之外,国家将按照"扩大的圈子"进行组织。这些村庄将被整合为地区,地区又被整合为省,以此类推,每个行政区都由其组成单位选出的代表进行管理。每一级政府都有相当大的自主权和强烈的社区意识，既支持又限制上级政府，并处理其社区成员的共同利益问题。每个省制定自己的宪法以适应当地需要，又在整体上与国家保持一致。中央政府拥有的权力足够将它们聚集在一起，但不足以支配它们。甘地反对直接选举中央议会，因为这会造成分裂并助长腐败，而且不同选民不太可能对国家政策的重大问题有足够的了解，因此无法明智地投票。如此构建的共同体将不是孤立原子的集合，而是一个"社区集体形成的大社区"、一个统一的统一体、一个由多个整体组成的整体、一个"活的有机体"而非一台没有人格的机器。

当一个社会由不同的文化社区和宗教群体组成时，甘地认为没有必要将它们同质化，甚至没有必要使它们服从统一的法律体系。尝试这样做是不必要的，因为文化多样性不仅不会破坏国家的统一性，反而会赋予它道德深度和文化深度，而且这种做法是危险的，因为拆解稳固的群体可能会激起抵抗并剥夺其成员的根基感和力量。因此，甘地坚持认为更广泛的社会应该珍惜其文化社区并尊重它们的语言、文化、制度、家庭法和教育机构。他同意它们的一些社会实践可能在道德上令人反感，但也不认为政府的干预是正当的。强制行为通常是邪恶的,国家干预必然会激起反抗,如果不解决其更深层次的道德根源,就无法根除任何恶劣行为。在甘地看来,应对令人反感的社会实践的最佳方式是相关社区的开明成员发起的改革运动。一旦改革运动破坏了这些实践的可信度,并营造了合适的氛围,法律就应该巩固和执行占据主导地位的共识。

甘地坚持认为,国家应该是世俗的,因为它不应该强制信奉、制度化、栽培或在财政上支持一种或多种宗教。宗教是个人选择,但并不是私人的事情。它具有深刻的社会和政治相关性,因此宗教话语在政治生活中有其应有的地位。虽然宗教应该享有受人尊敬的公众形象,并对公共事务的处理做出独特贡献,但国家机构绝不应该与它有任何联系。国家不必关心人类灵魂的品质,人类灵魂的品质最好留给个人和社会来负责,国家应该只关心世俗利益。甘地赞成学校进行宗教教育,并不认为这会损害国家的世俗特征,只要所有宗教都以"崇敬和宽容的精神"进行教学,并且持鼓励宗教之间交流的视角。在他看来,这种教育可以创造宗教和谐,培养道德自律的氛围,从而减少对国家强制干预的需要。

由于甘地不赞成中央集权和"国家崇拜",他建议将目前由国家履行的许多职能下放给地方社区。一个例子足以表明他的想法。作为一名熟悉现代司法制度的律师，他深信这是一个最不成功、可有可无的制度。这个制度花费高昂、行动迟缓、官僚主义盛行，并且痴迷于统一性。它把人类视为被动的对象，从不参与解决他们的冲突，尽管它声称要弄清事件的真相，但它赋予那些能够聘请最好律师的人特权。

甘地建议地方社区成为彻底重新定义司法系统的中心。理想情况下，它们应该鼓励它们的成员自己解决争端，并帮助创造一种道德氛围，在这种氛围中，允许冲突发生或失控被广泛认为是个人能力不足和耻辱的标志。当冲突无法彻底解决时，地方社区应该提供由受到广泛信任和尊敬的男性和女性组成的人民法庭。人民法庭作为公共论坛而不是国家机关，不应该只关注不会触及冲突根源的司法执行，还应该关注潜在问题的永久解决方案。它们不应该只"执行"法律抽象定义的正义，而应该根据社会道德、自然正义和常识的普遍原则创造性地解释法律，从而帮助发展更加敏感和个性化的正义观念。理想情况下，它们的目的与其说是追责和惩罚有罪的人，不如说是修复社会破裂的结构，培养善意和公平竞争的精神，并提高争执者作为共享社区成员共同生活的能力。

在甘地看来,这样的安排比目前的司法制度有更多的优势。正义的实现将是迅速的、花费低廉的、易于理解的,而且无需精心设计的司法和法律机构。达成的判决将基于社区自身的价值观体系,并具有更大的道德权威。判决是建立在当事人直接参与的基础上的,因此会根据情况的复杂性对它们进行微调,比目前更加公平,也有利于社会道德水平的提高。甘地认为,如果在生活的其他领域也采用类似的措施来整合国家和社会并鼓励更强的公共责任感和主动性,那么国家就会从专横的、起支配作用的社会机构转变为社会不可或缺的从属机构,后者本着平等伙伴关系的精神与其他机构互动,人们只有在其他所有方法都无效时才向它求助。

在甘地看来,一个真正民主和非暴力的社会不需要武装部队。它不会对其邻国有侵略性的企图。如果遭到攻击,它应该依靠非暴力抵抗。如果这种方法失败并导致它被征服,那它应该依靠非暴力不合作运动来使新政府失效。每个政府都需要被统治者的支持或者至少是默许,如果团结、坚定和接受了非暴力训练的被统治者拒绝提供所有形式的主动和被动支持,政府就不会持续太久。甘地认识到这是一个"欧几里得式"理想，但坚持认为这是值得追求的目标，同时，一个国家的最佳防御是依靠一支小规模的武装部队和受过非暴力训练的公民的联合，并得到组织良好的国际经济和政治压力的支持。

甘地对警察也持同样的看法。在他看来，全副武装的警察并没有减少犯罪，反而助长了同样装备精良的犯罪分子的气焰，形成恶性循环。此外，犯罪的根源太深，警察无法解决。理想情况下，社区应该自我监管，既然这又是一个"欧几里得式"理想，而且"名副其实的政府不能忍受无政府状态盛行"，那么美好的社会应该建立一支小型的专业警察队伍。这样的警察队伍应该只携带防御性武器，接受以非暴力方法控制人群的培训，与社区密切合作，承担社会工作者的角色，并且通常依靠他们的道德权威和舆论压力。他们可能成为犯罪暴力的目标，甚至被杀。在甘地看来，这样的牺牲可能会打动社区，包括罪犯，调动其道德能量，随着时间的推移，即使不能完全制止暴力，也能在某种程度上减少犯罪暴力。甘地在应对大规模骚乱和社会动乱方面有丰富的经验，他认为，警察应该得到由接受非暴力训练并且受到当地或全国尊重的公民组成的和平部队的协助。

甘地对监狱机构深感不安，他在监狱里度过了将近6年的时间。监狱侮辱、虐待囚犯，管理成本高昂，免除了社会对犯罪原因的责任，并且钝化了社会的道德感，以至于它认为将人类视为野兽关在笼子里并没有什么错。对甘地来说，罪犯是被赋予识别邪恶和回报善良的能力的人。放弃他们中的任何一个都是一种亵渎行为，这样做的社会愧对自己真正人道和非暴力的名声。每个犯罪行为都标志着社会道德秩序的崩溃，既是对道德秩序的控诉，也是对道德秩序的挑战。关押肇事者就相当于失去了一个有价值的社会成员，带来了关押他的代价，并丧失了对社会制度和实践进行批判性和建设性审视的机会。

在甘地看来，人类犯罪的原因多种多样，如贫困、不公正感、自律的缺乏、自私和恶意，对每一种原因都需要做出灵敏的反应。如果罪行是由前两者引起的，那么社会对它们负有相当大的责任，并有责任解决它们的根源。在其他情况下，罪犯负有大部分但不是全部的责任。在这些情况下，社会应寻求罪犯的家人、朋友、邻居、宗教领袖以及社区中广受尊敬的成员的支持，给予罪犯一切必要的帮助和激励，以使他们重新融入社区，并培养他们在自律、社会关注和道德责任方面的能力。如果这种做法没用，监禁的必要性可能主要不在于惩罚罪犯，而在于创造一个有利于改造他的道德的环境。理想的监狱应该成为工作坊以及教育和道德机构，在人道的环境中把罪犯培训成对社会有用的成员，并与他们的家人和朋友密切合作，探索最适合他们个人需要的道德和社会复原形式。这样，监狱将不再是在社会黑暗边缘运作的残酷机构，也不再按照其他机构所不能容忍的做法管理，而是成为改革学校，遵循管理着其他生活领域的相同的人性精神。

一个公民的责任

对甘地来说，国家的基础不是承诺，不是意愿，也不是畏惧，而是合作。每个国家不管民主与否，都依赖公民的主动或被动合作。因为它是一个行动机构，所以与它的合作包括向它提供特定的服务，例如执行法令、纳税、参与战事和遵纪守法。国家并不是独立于其公民而存在的，归根结底不过是一个公民间制度化合作的体系。

由于国家是一个庞大而复杂的组织，涉及数以百万计的公民日常合作的成千上万种有意识和无意识的行为，因此他们通常没有注意到他们实际上维持着国家，对其行为负有道德上的责任。就算他们注意到了，他们也会为自己开脱，理由是他们每个人都只是巨大车轮上的一个微不足道的齿轮。甘地认为这是最危险的谬论。一条奔腾的大河是由无数水滴组成的，每一滴水都为大河的形成做出了贡献，国家也不例外。此外，作为一个道德存在，每个公民都有义务询问自己，他个人如何为维持国家做出贡献，以及他是否对此感到高兴。公民对自己的行动负责，他们的责任绝不会因为其他人做了什么或者没做什么而减少。

每个政府都会受到滥用权力的诱惑，在这个方面，民主政府的情况并不比独裁政府的更好。两者的区别在于，后者屈服于诱惑，而前者没有屈服于诱惑。之所以如此，是因为与独裁政府不同，民主政府知道，如果它屈服，其公民就会拒绝与它合作。尽管有各种制度的监督和制衡，但如果公民对腐败和操纵变得冷漠或无力抵抗，民主政府就容易变得邪恶。政府的美德和恶行并不是天然存在的，而是源自其公民的美德和恶行。正如甘地所说：

> 统治者如果是坏人，也不一定完全是因为他们天生如此，很大程度上是因为他们所处的环境。

> 但环境就是我们——造就了统治者的人们。因此，他们是我们总体情况的夸大版本……如果我们愿意自我改革，那么统治者自然也会这样做。

作为有道德的人，公民有责任决定他们应该在什么条件下向谁表示忠诚和给予支持。他们的自尊和尊严要求他们的忠诚不应该是无条件的或者被视为理所当然的。当法律公正的时候，他们就有"神圣的义务"去"自愿且自发地服从"它。如果法律是不公正的或道德上不可接受的，他们就有反对的义务。遵守它等于"助纣为虐"，并要对其后果承担道德责任。认为所有的法律无论多么不公正都应该遵守，这种想法是一种"纯粹的迷信"，也是一种体现"奴性"的态度。甘地坚持认为，对法律的评判不应脱离国家的总体特性。如果国家在本质上或整体上是向善的，那就不应该过于严苛地评判它偶尔的过失。没有一个国家是绝对正确的，也没有人可以按照自己的意愿作为其中的一分子生活。

对甘地来说，公民不遵守法律，应该满足两个条件。首先，他们的不服从应该是文明的，也就是说，它应该是公开的和非暴力的。他们应该表明为什么他们认为法律不可接受，并应该接受规定的惩罚。其次，他们应该获得不遵守法律的道德权利。公民不服从或不与原本向善的政府合作是一个严重的问题，可能会造成严重后果，需要成熟的考虑。只有那些通常遵守法律，表现出对国家的忠诚，并通过不把每一次分歧都当成炫耀良心的机会来证明自己道德成熟的人，才有权诉诸法律。当这些守法公民违法的时候，他们"带有尊重的不服从"应该得到合理的回应。政府不应无情地镇压这种不服从行为，而应认识到它们培养了公民的责任感，并建立了重要的道德资本，从长远来看必将对社会有益。它们还使政府免于轻易陷入滥用权力的诱惑，并充当了民众不满情绪的安全阀。与作为"国家之敌"的无政府主义者不同，这样的公民抵抗者是国家的"朋友"，他们的行动是"最纯粹的宪法撼动"。

尽管甘地没有详细说明评估法律的标准，但他认为如果法律符合以下一项或多项，那就是恶法。第一，如果一项法律在人民自己或他人眼中严重"贬低"和"侮辱"了人民，并要求他们以有损人类尊严的方式行事，那它就是不好的。甘地认为，在他的时代，纳粹对待犹太人的方式和南非白人对待黑人的方式都属于这一类。第二，如果一项法律的意图或结果明显带有党派色彩，并且歧视特定种族、宗教群体和其他群体，那它就是不好的。第三，如果一项法律引起绝大多数公民的反感和普遍的反对，那么它就是不好的。它的内在优点（如果有）并不重要。该法律在无视广泛反对的情况下获得通过，这一事实表明政府蔑视其人民。这样的法律还涉及大量暴力，因为大多数人要么不遵守它而必须受到惩罚，要么出于对暴力的恐惧而遵守它，无论在哪种情况下，它都会使国家名誉扫地。

由于多数群体的统治侵犯了少数群体的完整性并"带有暴力意味"，而且全体一致往往是不可能的，所以非暴力社会中的所有决定都应该本着善意和开放的精神通过理性讨论来做出。对甘地来说，理性讨论应该避免前文所提到的理想主义谬误，不应只是争论和交流，而应是观点的相互渗透，思想和心灵的真正融合。当这种情况发生时，各方都扩大了彼此的感知和同情范围，重新构造了彼此看待世界的方式，并在思想的碰撞中获得了重生。在极端情况下，无法达成共识时，多数群体会在充分考虑少数群体的观点和感受强度后做出决定，这样做并不是因为它总是正确的，而是因为它可能会减少错误或偏见。如果一些公民仍然对该决定深感不安，在极少数情况下，他们甚至可以不服从该决定。

评估

甘地的非暴力社会愿景源于对将人类置于经济和政治生活中心的强烈关注，并包含许多有价值的见解。他对经济体系的道德和文化影响、人道的生产过程、可持续发展、与自然更加平衡的关系、有酬就业的权利、去中心化生产的强调，都受到了好评。他对重建国家的新方式、"国家-社会"伙伴关系的新形式、以非暴力形式构建的政治秩序、处理犯罪行为的人道方式、基于社区的司法体系和在政治层面负责的公民身份的富有想象力的探索也是如此。毫不奇怪，其中许多想法不仅在印度，而且在其他地方激发了新的思想运动。

然而，甘地的愿景存在一些局限性。他假设的主要是偏远的和自给自足的乡村社区，很难看出这些在全球一体化经济中如何实现，除非天真地假设一个社会能以某种方式背弃世界其他地区的做法。甘地认可大规模工业这一事实增加了他的愿景的实现难度。认为大规模工业仍可局限于官方分配的范围，它们会尊重自给自足的乡村社区的道德逻辑，国家计划可以整齐地划分其各自的经营范围，或者这两者不会产生道德和经济上不兼容的风气，这种想法是天真的。这样说并不是否认这一切都是可以做到的，而是指实现这个想法需要一个封闭的经济体制和一个强大的独裁国家，而甘地恰恰反对这两者。

甘地的国家观也遇到了类似的困境。他敏锐地意识到需要消除贫困、减少经济的不平等现象、确保社会正义，以及废除贱民制等丑陋的社会习俗。他认识到，一些大型工业需要国有化，资本家不太可能成为其工业的托管人，除非法律强制他们这样做。他还认识到，除非一个政体的成员拥有共同的公民意识并将自己视为一个独立群体，否则整个政体都无法团结在一起。很难想象，由成员联系有限、几乎没有共同点的高度自治的社区组成的结构松散且管理高度分散的政体如何实现这一切。要实现甘地的这一系列提议，需要一个相当强大的中央政府、一个高效的官僚机构、一个国家规划体系、一个表达全国公众意见的制度结构、一个内部联系紧密的公共空间网络，以及一个应对可能不接受甘地的托管理念的既得利益者的强制机制。符合这些条件的政体与现代国家并没有太大的不同。

和许多道德理想主义者一样，甘地发现很难理解强制在社会生活中的作用，也很难与国家达成一致。他认为有组织的强制有悖于人的尊严，但他又不能不承认，对创造实现、维持甚至催生人的尊严意识的条件来说,它是必要的。他将国家谴责为一台不道德和"没有灵魂"的机器,但他不能否认,作为实现有价值的社会目标的工具,它本质上也是道德的。虽然甘地攻击国家主义政治文化并探索调动公民个人和集体道德能量的新方法,这些做法是正确的,但他错误地认为任何现代社会都可以完全废除国家或用一个没有权力、不受尊重且缺乏忠诚度的国家机器来凑合。

第七章

批判性欣赏

即使在甘地去世50年后,人们对他的成就的看法依然存在严重分歧。对他的批评者来说,他对现代性抱有过于顽固的敌意,以至于无法充分理解现代性的本质,更不用说为现代性的弊端提供答案了。他基本上是一个实干家,其主要贡献在于领导国家争取独立的斗争。他的一些批评者甚至认为这也是一项复杂的遗产。在他们看来,甘地基本上保守的、有严格道德原则的、亲资产阶级的、主张和平主义的思想阻碍了激进政治运动的发展,损害了贱民的长远利益,使印度人对经济发展产生负罪感,阻碍了一个强国的兴起,并延续了关于人类性学的不切实际且混乱的观念。他将宗教语言引入政治，疏远了穆斯林，使国家分裂变得不可避免。他的国家复兴战略存在缺陷，未能发展传统的政治制度形式，特别是独立的印度所急需的基于意识形态的政党，如果没有这些政党，印度的政治生活就会遭受严重损害。

甘地的崇拜者则持截然不同的观点。对他们来说，甘地是一个思想与行动兼备的人，这是一个罕见的组合。作为一个有思想的人，他看透了现代性的疯狂，并提出了另一种结合了前现代和现代世界观的最佳见解的愿景，同时避免了充满自我放纵的个人主义和当前流行的后现代主义的道德自满。他还发现了一种以非暴力不合作运动为形式的政治变革的独特道德方法，并提供了暴力的有效替代方案。作为一个实干家，他领导了历史上最伟大的反殖民斗争，鼓励人道的、自由的爱国主义，展示了如何在不损害个人完整性的情况下经营成功的政治生活，并树立了道德上负责任的领导力的罕见典范。基督教评论家长期暗示性地将他比作甚至看作20世纪的耶稣基督，认为甘地是历史上第一个展示如何在不腐蚀宗教和政治的情况下将二者联系起来并赋予政治生活急需的精神基础的人。甘地的一些崇拜者进一步认为，如果有一天他被证明具有影响力并与耶稣基督和释迦牟尼处于同等地位，我们不应感到惊讶。

尽管甘地的批评者和崇拜者都提出了一些有道理的观点，但他们对他和他的遗产的评价有些肤浅。他无疑是一位有创造力的思想家、政治领袖、社会改革家、虔诚的宗教人士等，在每个角色中都有自己的优点和缺点，其中一些已经在前面的章节中指出。然而，甘地也在更深层次产生了影响，忽视了这一点就错过了他的独特之处。

非暴力愿景

甘地在成年后一直都在寻求阐明并实现人类存在的新颖而强大的愿景。正如我们所看到的，他对各种粗糙和微妙形式的暴力深感困惑，并热切地渴望实现真正的非暴力生活。他想知道能否以及如何与自己、其他人、自己所处的自然社会环境完全和平相处，如何在不伤害甚至是不希望伤害任何一个生命的情况下生活。他坚持不懈地探索这一愿景的逻辑，真诚地努力实现它，并尝试各种方法来克服不可避免的障碍。

图 6　1968 年，《芝加哥太阳报》上莫尔丁所绘的漫画，画中文字意为"金博士，关于刺客的一件匪夷所思的事情是，他们认为他们真的能把你杀死"

由于人类长期以来一直默认暴力是生活不可避免的基础，并按照与他的愿景相反的方式来处理与暴力有关的事务，甘地就传统的思维方式和生活方式提出了最深刻、最具探索性的问题。他问为什么人类认为他们有权开发自然并利用其他生命来实现自己的目的。他问为什么应该存在一个像国家这样的强制性机构，事实上是在问，为什么当强制如此明显地侵犯了人类尊严的时候，人类却应该受到它的约束，以及什么样的社会会消除对强制的需求。他对武装部队、警察、监狱和战争深感不安，这些在他看来都是对人类尊严的侮辱，表明道德理想和政治理想的彻底失败。他对资本主义的暴力和非人化同样感到困惑，并问是否有一种更道德的方式来组织经济。

甘地把他对非暴力的追求带入了人类心灵本身的领域，并问一个人应该如何以一种真正非暴力的方式对待自己的思想、信仰和感受。协调一个人的各种想法很重要，但将它们系统化为一个简洁且逻辑连贯的理论，就会对固有的流动性的经验世界和不可避免具有试探性的思维过程本身造成暴力。有必要持有坚定的信念并对个人和情况做出评判，但需要确保这些不会破坏主题固有的模糊性或其他看待它的方式。个人、宗教、政治等方面的身份认同感很重要，但它不应该被定义为僵化的、静止的、具有排他性的术语，因为这样它就会对那些被它排斥的人施加心理上甚至身体上的暴力，也会抑制和破坏它自身内部的多元性。甘地想知道如何确定身份而不使它变得僵化，赋予人根基感而不使它变成一种禁锢，创造边界感而不使它成为对话的障碍。

由于甘地对人类生活的非暴力愿景充满热情，他挑战了传统智慧，突破了传统思想范畴，拓展了生活各个领域的想象力界限，并开辟了新的哲学和实践可能性。甘地的问题需要答案。如果我们否定他的答案（在某些情况下我们必然会这么做），我们就需要提供替代答案。他要求我们重新思考我们长期以来认为理所当然的事情，这就是他最大的贡献和真正的独创性。

甘地的愿景具有强烈的道德主义色彩，但它明显摆脱了常常笼罩着道德主义的乌托邦主义、浪漫主义、狂热和绝望。之所以如此，是因为他非常小心地确保他的愿景本身不被暴力精神渗透。他认为这不是一个需要实现的理想，而是一个指导人生道路的道德指南针。他还充分考虑到不同的人必然会以不同的方式阐释和表达这一愿景，从而避免了教条主义和狂热。甘地的愿景也对人类状况的局限性很敏感，并鼓励妥协。令人震惊的是，当他的同胞让他失望，就像他们在族群间暴力发生期间所做的那样时，他并没有变得痛苦，谴责他们配不上他和他的理想，对他们感到绝望，或者直接退出。他坚持自己的使命，耐心地向他们呼吁，训导但很少责备他们，从不大发雷霆，也不自以为是和高人一等，这通常都能使他成功地引起预期的反应。

至于甘地愿景的内容，它有优点和局限性。他正确地指出，人类以他们经常意识不到的方式相互依存，在残酷对待和侮辱他人的同时，他们也凌辱了自己。这催生了一种令人着迷的社会批评和变革理论。他表明，不公正现象的受害者从来都不是完全无辜的，不公正的制度对受害者和所谓的受益人都造成了损害，改变这种制度符合双方的利益。甘地的观点并没有使反对不公正的斗争两极分化，并将斗争的责任置于受害者身上，而是将其变成一项共同的道德任务，所有人都有义务为之做出贡献。

这种观点有可能沦为一种多愁善感、在政治层面显得幼稚的人文主义，攻击"制度"或"人心中的邪恶"等模糊抽象的目标。甘地避免了这个错误。由于统治群体维护并受益于不公正的制度，因此他们成为直接的斗争目标。然而，由于真正的不公正根源是制度而不是他们个人，所以制度才是最终的斗争目标。与多愁善感的人文主义者不同，甘地识别出了敌人并知道要与谁做斗争，但与传统的革命理论家不同，甘地也将敌人视为受害者，从而将他们视为共同解放斗争的潜在伙伴。因此，甘地的思想既有愤怒也有爱，既有斗争也有合作。这使他能够强调手段和目的的统一、政治的道德维度以及政治斗争的非二元论合作观,这些奠定了他非凡的非暴力不合作理论的基础。

超自由主义

甘地的远见使他能够阐明令人印象深刻的道德和政治理论,该理论结合了自由主义和社群主义的重要见解。和自由主义者一样,他强调自由,但他对自由的定义截然不同。对他来说,自由意味着忠于自身,依靠自身的光芒存活,按照自己的节奏成长,代表着一种整体性或完整性的形式。它涉及了解并接受自己的本真面貌,认识到自己的局限性和可能性,并根据这种认识做选择。如果我的生活方式适合我,使我能够做我想做的事,并且我对此感到满意,那么我不会仅仅因为我没有选择它而变得不自由。自由并不像某些自由主义者所说的那样在于选择本身,也不像理想主义者所说的那样在于做出被认为更高尚的选择,而在于做出与个人生活方式协调并能融入它的选择。它也与可用的替代方案的数量无关。如果那些替代方案不包含人们所需要的内容,那么它们就没有任何意义。如果一个人需要的正是唯一可用的选择,那么缺少其他方案并不会削弱他的自由。甘地将自由纳入真理,并提供了一种捍卫自由的新颖方式。只有自由人，即能够自己做出选择和决定的人，才能发现、发展独特的本体论真理并以其为生。因此，自由是一个人能够忠于自己的必要基础和前提。剥夺一个人的自由就是迫使他对自己不忠并按照别人的真理生活。对甘地来说，自由和真实的相关理念是一样的。

甘地不仅重新定义了自由的概念，还定义了平等的概念。在许多关于这个主题的自由主义和社会主义文献中，平等是用比较性、契约性、竞争性和个人主义的术语来定义的。甘地认为，人类必然是相互依存的，荣辱与共，生来就肩负着无法偿还的债务。由于社会必然是独特且相互依存的存在所组成的团体，因此必须以非比较性、非竞争性和非原子论的术语来定义平等的概念。在甘地看来，平等基本上在于每个人充分利用其社区的经济、政治、道德和文化资源，以实现他或她独特的潜力，这种潜力不是由人性的哲学概念或任意的道德标准决定的抽象的人类潜力，而是他们作为独特构成的存在的潜力。

作为进步和善于反思的存在，个人"从真理走向真理"并努力丰富、深化及重建他们的存在。平等在于所有人都能这样做。这并不是说我应该得到别人得到的东西，而是我应该得到我实现个人发展所需的东西。其他所有人应该平等地对待我，这不仅符合我的利益，也符合他们的利益，因为他们在贬低、侮辱我的同时也在贬低、侮辱自己，并且无法受益于我作为一个内涵丰富之人所能做出的贡献。因此，平等不是一个狭隘的个人主义概念，也不是统一的同义词。从根本上讲，它是互惠和合作的关系。

甘地还重新定义了权利和义务的概念。像自由主义者一样，他重视权利，但他坚持认为权利和义务密不可分，需要以对社会负责的方式来定义和行使权利。他强调正义的重要性，但坚持认为它不是最高价值观，并且会变得崇尚律例主义、竞争性和狭隘的分配主义，除非它扎根于人类友谊和团结这两项更大的价值观，并受到这些价值观的激励和限制。和自由主义者一样，他重视宽容，但与自由主义者不同的是，他坚持认为宽容是居高临下和具有评判性的，需要用逻辑上和道德上更令人满意的善意概念来取代。甘地同样重新定义了公民的概念，并强调自由主义者著作中经常被忽视的政治参与、自律、关心他人和个人责任等思想。

甘地还勾勒出一种极具启发性的非理性主义理性理论的轮廓。尽管他对理性的看法相当狭隘，但他正确地认为，理性并不是唯一有价值的，甚至不是人类最高的能力。这使他能够珍视和维护在狭隘的实证主义世界观中经常被贬低的能力、认知模式、知识形式、推理和话语风格，并为传统、直觉、集体智慧和感受创造一个理论和道德空间。甘地认为每一种文明、宗教和生活方式都有优点和局限性，这使他能够强调跨文化对话的可能性和必要性，并认为学习和借鉴其他传统绝不会损害一个人对自己传统的忠诚。正如我们所看到的，他本人自由地借鉴了不同传统的思想，将它们带入创造性的相互作用，并得出了这些传统无法自己单独产生的新思想。

他的非暴力不合作概念就是一个很好的例子。它与印度教和基督教传统都有相似之处，但它从来都不是这两者的一部分。它基本上由三个重要思想组成，即人类的精神本质、受难之爱的力量，以及巧妙地利用受难之爱的力量来触及和激活他人的道德能量。第一个形而上学的思想是印度教、基督教及其他所有宗教共有的；受难之爱的本体论是基督教所独有的，甘地自己就说过，受难之爱是他从基督教借鉴的："灵魂"就是能量，两个"灵魂"可以通过非言语方式直接交流，并且可以相互影响和激活，这个理念是印度教认识论的重要组成部分，并影响着复杂的瑜伽形式。总的来说,基督教缺乏第三个元素,而印度教缺乏第二个元素,因此人们需要深入熟悉这两个宗教的传统,才能获得类似于甘地的这个概念的理念。

局限性

在强调人类存在的一些被忽视的方面的同时,甘地强烈的道德主义让他看不到其他一些方面。他要么忽视了生活中的智力、科学、审美、感性和其他方面,要么对它们持悲观态度。他很少看电影、读诗集、参观美术馆、观看比赛,也很少对历史、考古学、现代科学、野生动物、未受破坏的自然和印度的自然美景产生兴趣。这并不是因为他在他最感兴趣的事情上表现出非凡的实验活力,从而在智力上缺乏好奇心,而是因为他的道德愿景使他无法看到这些事情和其他活动的意义。当北极被发现的时候,他想知道这个发现会给世界带来什么好处,以及为什么它应该引起振奋。当他参观梵蒂冈博物馆的时候,他快速地掠过波提切利和米开朗琪罗的壁画,却一动不动地站在一幅描绘耶稣受难的画作前哭泣。对甘地来说,呵护灵魂是一项需要全神贯注的全职工作，而艺术和科学只有在能够促进这一最高目标时才有意义。这种一心一意的人生观自然产生了巨大的能量，使他能够心无旁骛地深入探索道德和精神生活，但也导致了对人类的其他追求和卓越性的表现形式的贬低，缺乏对道德和精神生活的本质与相对意义的具有批判性的、更广泛的认知视角。

甘地对人类生活的看法使他难以解释并接受恶。对他来说，善是真实的、积极的、自足的、无所不能的，而恶是附带的、消极的、寄生于善之上的，并且只有在善缺失或微弱时才会出现。由于他的思想并没有让他做好面对恶的准备，所以恶经常使他产生困惑。凭借长期与不公正做斗争的经验，他显然比大多数人更清楚，人类可能是自私的、教条的、有偏见的、自以为是的，但并不知道他们也可能是"畜生"或"野蛮人"。他的人性理论只能将野蛮解释为人性的暂时性丧失，可以通过适当的"灵魂手术"来纠正。当他面对族群间暴力的严重程度和范围时，他感到在道德上迷失了方向，无法理解它。正如我们所看到的，他进行了一场异常勇敢的斗争，但他的胜利是暂时的，缺乏制度上的持久性，并且一直严重依赖他日益下降的个人魅力和道德上不堪重负的同胞日益减少的善意。

和许多宗教理想主义者一样，甘地很难理解武力和暴力在人类事务中的本质和作用。对他来说，肢体力量总是邪恶的，最多只有有限的审慎合理性。这也是为什么他拒绝接受国家可以是一个道德机构，或者国家使用武力可以服务于道德目的这一主张。他在暴力方面也有类似的理解困难。对他来说，非暴力永远有效；如果它失效了，那就说明它不够纯粹，错误则在于其行为主体。随着甘地年龄的增长，他的观念开始发生变化。他认为国家可以成为社会正义和平等的工具，并且国家需要武装部队。他还认为，暴力有时实际上是不可避免的，而且是道德的，需要在社会变革的平衡理论中明智地将其与非暴力结合起来。然而，他在观念上的这种让步是临时的、试探性的、勉强的，并没有完全融入他的国家理论和非暴力理论。虽然他的实践表现出很强的现实主义，但他的理论仍然是"欧几里得式"的或理想主义的，这使他遭到错误但可以理解的指控，就像他在1942年的"退出印度运动"期间宽恕暴力行为并"默许"1947年印度进军克什米尔一样。与其坚持纯粹的理论并允许不纯粹的实践，更明智的做法是通过在理论本身当中为后者留出空间来使它们变得合法和规范。

甘地对人类生活的贫乏看法使他无法理解现代文明的中心原则和内在辩证法。他对现代文明的批评包含许多有说服力的观点，揭露了它的种族主义、帝国主义、暴力和非理性的阴暗面，但批评也遗漏和扭曲了很多东西。他几乎没有考虑它对平等、个性、批判性自我反省和社会正义等价值观的承诺，它对理解和掌握自然及社会力量的热情渴望，它对更好社会的不懈追求，以及它将不同的文明和文化汇聚在一起并使它们成为普遍可用的人力资源的方式。即使是甘地合理珍视的博爱和人类不可分割的思想，在现代文明所创造的相互依存的世界之外也是不可想象的。甘地强调人类对根基的需求和小型社区的价值，这一点很容易被接受，但他的理念中的地方社区过于孤立和自给自足，因此不现实，又过于狭隘和专注于自身，以至于无可避免地成为道德监狱。在现代文明背后、相对蔑视现代文明而建立的小型社区在本质上与那些能够充分利用并乐于利用其多样化资源的社区有很大不同。甘地太现实了，以至于无法忽视这一点，并不断修改自己的观点。但他的心向往简单的乡村生活，因此与他的头脑保持着紧张的关系。

生平

我们最后转向甘地的一生,他称之为他唯一的"真迹",他希望人们仅凭"这本书"来评判他。他的一生有一种罕见的气势和宏伟。有比他更伟大的圣人、宗教和社会改革家、精神求道者、道德主义者、政治家、民族主义领袖和组织者,但很难想象有一个人能同时在如此多的战线上作战并取得不同程度的成功。在他生命大约前30年里,他尽职尽责地遵守社会习俗、结婚生子、履行社会义务。此后,他的生活发生了深刻的变化,并被释迦牟尼般对解脱的热情支配。正如我们所看到的,解脱对他来说意味着三件事:第一,完全掌握包括性欲在内的所有感官;第二,一颗完全纯净、透明的心,其中没有恐惧、嫉妒、小气、卑鄙、虚荣和其他基础感情;第三,以博爱和服务的精神与众生融为一体,从而消解自我意识。尽管前两个与个人生活相关,第三个与社会和政治生活领域相关,但这种分离纯粹是概念上的,对甘地来说终究是不合逻辑的。当脱离对他人的积极关心而追求道德纯洁时,这种追求就会以自我为中心,最终是一种自我放纵的形式;相反的做法则意味着道德上的好管闲事,也是逃避现实的一种形式。对甘地来说，一个人必须在世界之内而不是在世界之外，必须在与不公正、不平等、压迫和其他邪恶现象的斗争之中而不是在这些斗争之外寻求完美。

在开展反对南非种族主义、英国在印度的统治以及他自己所在社会的不公正现象的伟大运动的同时，甘地继续为追求一个人所能达到的纯洁和透明而奋斗。他认识到自己在道德和精神层面的局限性并着手一一克服它们。对他来说，成功并非来自突然的启示或者恩典（它们有时会在一夜之间改变一个人的生活），而是经过一系列痛苦而漫长的斗争才能获得。久而久之，他克服了对食物的热爱、易怒、傲慢、强烈的虚荣心、自私、占有欲、嫉妒心、个人联结、肉体上的怯懦和个人野心，精神上也越来越"轻松"。在青春期早期，他一度沉迷于性事，他所做的努力不是简单地抑制甚至控制它，而是在追求"绝对"纯真的过程中彻底消除它。我们已经看到了其中涉及的内容。他在各个层面的斗争都是激烈的，充满深深的自我怀疑和绝望的时刻，但他坚持并塑造了一种生活方式，虽然它的关注范围很狭窄，并且不能完全摆脱人类的局限性，但它具有深度以及罕见的道德和精神之美。

他的非凡一生中的四个随机事件揭示了他所塑造的

高贵灵魂和他所培养的伟大美德。他曾多次入狱,其中一次,一名黑人看守被蝎子蜇伤。当甘地听到他的惨叫声时,他立刻赶到现场并叫来了医生,同时开始吸出有毒的血液,完全不顾自己的生命安全以及几天前的牙科手术给他造成的牙龈出血。他不停地吐出吸出的血,直到看守的疼痛得到缓解,然后在看守和其他人感谢他之前便离开了。

图 7 甘地的世俗财产

甘地的前同事、著名社会党人英杜拉·亚吉尼克背叛了他,并对他进行了恶毒的攻击。亚吉尼克后来后悔了,去找甘地道歉。当时刚好是甘地的静默日。他在众多访客中看到了亚吉尼克，亚吉尼克还没来得及说话，甘地就以安抚的微笑向他打招呼，并给他递了张匆忙潦草写就的便条，称赞他只改变了一次观点，而甘地改变了更多次。可怜的亚吉尼克顿时泪流满面。

正如我们所看到的，在族群间暴力的那些年，甘地达到了令人难以置信的高度，并投入一切来对抗暴力。他这样做有两个相关的原因。他的一生都基于一种充满激情的信念——灵魂力量或非暴力比蛮力强大得多，他觉得他必须证明非暴力的真理。他似乎还认为，他也许能以不同的方式处理印度教徒和穆斯林之间的关系；他犯过一些错误；他对暴力行为负有一些责任，而为之奋斗和赎罪是他的义务。甘地极大地夸大了自己的责任，并对自己过于严厉。但对有良知、有自我评价标准的人来说，即使是最小的判断错误，也需要忏悔。像甘地这样道德敏感的政治领袖，很难列举出很多比他更优秀的典范。

1946年的国民大会党主席毛拉纳·阿扎德在甘地不知情且违背甘地深思熟虑的观点的情况下，向来访的英国大臣斯塔福德·克里普斯发送了一份机密文件，称他与国民大会党对印巴分治持开放态度。当克里普斯拜访甘地时，他惊讶地发现甘地对这份文件一无所知，于是把它留给了甘地仔细考虑。第二天，当阿扎德去见甘地时，甘地问他和克里普斯之间是否有任何沟通。阿扎德说了谎。尽管他发送给克里普斯的文件就在甘地的桌上，但甘地保持沉默。阿扎德离开后，甘地的秘书抄下了文件以备不时之需。甘地斥责了他，要求他撕掉誊抄的副本，将原件还给克里普斯，并为自己没有获得阿扎德的信任而自责！

> 一个充满智慧和谦虚的人，具有决心和坚定的一致性。他将自己的全部力量投入了他的人民的进步和他们命运的改善；他以普通人的尊严面对欧洲的暴行，因此在任何时候都享有崇高地位。
>
> 未来的几代人可能很难相信，这样一个有血有肉的人曾在地球上行走。
>
> ——爱因斯坦对甘地的评价

致谢

请允许我向对全书或者部分内容提出宝贵意见的普拉塔普·梅塔、苏迪普塔·卡维拉吉、诺埃尔·奥沙利文、朱迪思·布朗和特里·麦克尼尔致以最诚挚的谢意。此外，特里·麦克尼尔为工作提供了一个快乐的学术环境。普拉塔普·梅塔和苏迪普塔·卡维拉吉比我有更丰富的印度哲学传统知识，他们提醒了我一些原本被忽略的问题。在35年的友谊中，诺埃尔·奥沙利文潜移默化地影响着我的思考方式，因此，我由衷地感谢他。弗雷德·多尔迈尔、安东尼·帕雷尔、托马斯·潘坦、勒罗伊·鲁内尔、梅格纳德·德赛、霍米·巴巴，以及已故且备受缅怀的乌沙本·梅塔、罗纳德·特切克和乌沙·塔迦尔多年与我讨论我对甘地的看法，使我受益匪浅。我要感谢基思·托马斯爵士和丽贝卡·亨特对终稿提出的有益评价，感谢我的兄弟钱德拉坎特·施罗孚和 C. B. 帕特尔多年来的友谊和善意。我还要感谢输入文稿的苏·怀尔斯以及编辑索引的阿玛兰度·米斯拉。

谨以本书献给印度族群间暴力的受害者，以及我的好朋友拉克什米·玛尔·辛格维，他以静水流深的方式为促进宗教和谐做出了巨大的贡献。

这本书最初以《甘地》为名，收录于牛津大学出版社的"先贤系列"（Past Masters Series）。由于本次要收录到一个新系列里，我小幅修改了文本，主要是一些细节和行文风格上的修改。本书修改后足以被视为一本新书，但是与旧版有着千丝万缕的联系，可以算作"重生版"吧。

文献背景

实干家通常过于忙碌或谨慎,除非退休,否则不会写下他们的想法和经历,有时甚至在退休后也不会写。然而,甘地的一生异常活跃,他的著作足有90卷,而且即便是这些也没有完全收录他的作品!他在监狱度过的将近6年的时间里赋闲的事实只能对此提供一小部分解释,因为他的大部分写作都不是在监狱里完成的。更深层的解释可以从他定义行动的方式以及他所过的积极生活中找到。对他来说,行动与其说是为了取得某些成果,不如说是为了实现特定的生活方式,他自然需要向他的同胞解释这种生活方式。而且，生活方式无法预先制订，他的一生就成了一连串的"实验"。令人惊讶的是，"实验"这个词在甘地的著作中频繁出现，他将自己的自传称为《真理或自传的实验》。由于他或其他人并不总是清楚他的实验的意义和含义，因此他必须将它们写下来。他的作品引起了强烈的反响，他必须对此做出回应。对甘地来说，写作由此与行动密不可分。他从来不会因为太忙而无法写作，因为写作是他的事业中不可或缺的一部分。

甘地的思想可以在两种著作中找到，一种是他自己写的，另一种是他的亲密同事和秘书写的。甘地自己的著作包括：7本书；他在一生中不同时期编辑的4本周刊上发表的大量文章和社论；记者和外国访客对他的采访，其中一些采访时间较长且探究深入；写给他迷茫的同事、追随者和完全陌生的人的信；在各种宗教、文化和政治会议上的重要演讲。其中大部分收录在他的90卷作品全集中。甘地的7本书包括《印度自治》《南非的非暴力不合作运动》《真理或自传的实验》《建设性纲领：它的意义和地位》《对〈薄伽梵歌〉的论述》《实践中的静修仪式》《健康指南》，这些书都是由艾哈迈达巴德的新生活出版社出版的。

甘地的秘书和同事出版了几本书，描述甘地的日常活动，以及他与他们和访客的对话。在这些书中，皮亚雷拉尔（Pyarelal）的 *Mahātma Gandhi: The Early Phase*, Vol. 1, 以及 *The Last Phase*, Vol. 1, Books 1 and 2（Ahmedabad, 1956）是最值得阅读的。它们主要涉及年轻时期和年长时期的甘地在社会和政治方面的思想及活动。要深入了解对他的内心挣扎的洞察，以及对他的个人、事件和生活的总体看法，最好的记录是马哈德夫·德赛（Mahadev Desai）去世后出版的 15 卷 *Diary*（Ahmedabad, 1960—1974）和马努本·甘地（Manuben Gandhi）的 2 卷 *Delhima Gandhiji*（Ahmedabad, 1964 and 1966），很遗憾后者尚未翻译成英文。这两部作品都是用作者和甘地的母语古吉拉特语写的。马努本·甘地是甘地的侄孙女，而马哈德夫·德赛则在 1917—1942 年担任他的秘书，用甘地自己的话来说，两人"情同父子"。

甘地用他的母语古吉拉特语写了大部分著作，部分是因为原则问题，部分是为了发展这种语言，部分是为了展示其他印度语言应该如何书写。由于这些著作的英文翻译是匆忙完成的，而且他只速检了其中几部，所以英译版基本上不可靠。V. G. 德赛对马哈德夫·德赛作品所做的英译也不是很完美。由于几乎没有外国书评人看得懂古吉拉特语，也只有少数印度书评人看得懂，因此这些翻译作品仍然有缺陷。有关这一点的更全面的讨论，请参阅我于 1986 年 6 月发表的 "Gandhi and his Translators", *Gandhi Marg*。

没有重新翻译甘地或他的亲密同事的著作的计划对不了解古吉拉特语的甘地学者来说是一个很大的障碍。我参考了古吉拉特语原文，并在必要时修正了翻译。A. 帕雷尔（A. Parel）版的《印度自治》（Cambridge, 1997）是甘地开创性著作的最佳翻译，并提供了有价值的介绍。

传记

超过 20 部英文传记和超过 25 部英文传略以甘地为写作对象。第一部是他的朋友约瑟夫·J. 多克牧师（Revd Joseph J. Doke）写的 *M. K. Gandhi: An Indian Patriot in South Africa*（London, 1909），它具有相当大的历史价值，因为它是多克牧师在甘地成为世界名人之前与他合作撰写的。后来的许多传记都是由与甘地会面并共处过不同时长的记者撰写的，其中以路易斯·费雪（Louis Fischer）的两本书 *Gandhi: His Life and Message for the World*（New York: New American Library, 1954）和 *The Life of Mahatma Gandhi*（Bombay: Bharatiya Vidya Bhavan, 4th combined edition, 1983）为最佳。近期最令人印象深刻的传记之一是朱迪思·布朗（Judith Brown）的 *Gandhi: Prisoner of Hope*（London: Yale University Press, 1991）。

到目前为止，还没有一部甘地传记能够充分捕捉和解释他性格中的复杂性、紧张性和明显的矛盾，或者阐明他对他的许多同事以及广大同胞的强大情感控制的根源。这并不奇怪，因为优秀的传记作家需要完全熟悉塑造他的所有主要宗教传统，掌握古吉拉特语，并对他成长的社会和文化环境有深刻的直觉理解。即便如此，传记作者也会遭受不利的影响，因为没有关于甘地最亲密的伙伴的可靠传记，包括他的妻子、马哈德夫·德赛、米拉本·甘地和马努本·甘地。令人惊讶的是，甘地的许多传记作者都是基督徒，而且迄今为止，很少有印度学者尝试根据南非和其他地方的主要资料来撰写一部关于甘地的主要传记。

插图来源

002　　**图1**　1942年的甘地［来源：*Mahatma Gandhi: The Last Phase*, Pyarelal (Navajivan Publishing House, 1965)］

004　　**图2**　1890年在伦敦的法学生甘地（来源：Henry Guttmann/Hulton Getty）

027　　**图3**　1930年3月12日"食盐进军"中的甘地［来源：*Mahatma Gandhi: Nonviolent Power in Action,* Dennis Dalton (Columbia University Press, 1993)］

038　　**图4**　1946年年末，甘地走过诺阿卡利饱受骚乱蹂躏的地区［来源：*Mahatma Gandhi: Nonviolent Power in Action,* Dennis Dalton

(Columbia University Press, 1993)]

043 　图5　1936年,甘地和尼赫鲁在一起[来源:*Gandhi on Nehru*, Hingorani (1993)]

150 　图6　1968年,《芝加哥太阳报》上莫尔丁所绘的漫画,画中文字意为"金博士,关于刺客的一件匪夷所思的事情是,他们认为他们真的能把你杀死"(来源:《芝加哥太阳报》)

164 　图7　甘地的世俗财产[来源:*Gandhi on Nehru*, Hingorani (1993)]

延伸阅读

思想

关于甘地的哲学和宗教思想,请参阅 Margaret Chatterjee, *Gandhi's Religious Thought* (London, 1983), R. Iyer, *The Moral and Political Thought of Mahātma Gandhi* (New York, 1973), 以及 B. Parekh, *Colonialism, Tradition and Reform* (Delhi, 1999)。关于甘地的道德和政治思想,请参阅 R. Iyer, *The Moral and Political Thought of Mahātma Gandhi* (New York, 1973), B. Parekh, *Gandhi's Political Philosophy* (London, 1989), 以及 R. Terchek, *Gandhi: Struggling for Autonomy* (Lanham, 1998)。

甘地的非暴力和萨蒂亚格拉哈思想理所当然地引起了广泛的关注。关于该思想的出色探讨,请参阅 J. Bondurant, *Conquest of Violence* (Berkeley, 1965), G. Sharp, *Gandhi Wields the Weapon of Moral Power*

(Ahmedabad, 1960) and *The Politics of Nonviolent Action* (Boston, 1973), 以及 D. Dalton, *Mahātma Gandhi: Nonviolent Power in Action* (Columbia, NY, 1993)。有关德国犹太人是否以及如何应用甘地方法的深入研究，请参阅 Gideon Shimoni, *Gandhi, Satyāgraha and the Jews* (Jerusalem, 1977)。该书分析了甘地与犹太作家的通信以及与犹太朋友的关系。H. Raines, *My Soul is Rested* (New York, 1983) 讨论了食盐进军对非裔美国人想象力的影响。有关甘地对非裔美国人的影响的详细讨论，请参阅 S. Kapur, *Raising up a Prophet: The African American Encounter with Gandhi* (Boston, 1992)。

关于甘地备受争议的独身实验，请参阅 N. K. Bose, *My Days with Gandhi* (Delhi, 1974) 和 B. Parekh, *Colonialism, Tradition and Reform* (Delhi, 1999)。这曾经是一个极度敏感的话题。正如鲍斯在他这本书序言中所解释的那样，甘地的官方出版商新生活出版社拒绝出版他的书，而我则被攻击为"印度拉什迪"并遭到一些人的反对。反对的声音很快就平息下来，而且我没有遭遇任何人身威胁，这一事实表明，现在这是一个可接受的调查领域。要想充分地讨论它，就需要查阅马努本的日记，马努本是参与甘地实验的女性之一。这些日记似乎真实存在，最后一次出现是在 1963 年，但目前下落不明。其他女性现已全部去世，虽然她们没有写日记的习惯，但她们与其他人就该主题的对话记录是真实存在的。

有关甘地的生活、工作和思想的简短而平衡的叙述，请参阅 A. Copley, *Gandhi* (London, 1987) 和 D. Rothermund, *Mahātma Gandhi* (Delhi, 1991)。有关最近对甘地政治思想和角色的评论的批判性研究，请参阅 Thomas Pantham, *Political Theories and Social Reconstruction: A Critical Survey of the Literature on India* (Delhi, 1995)。鉴于甘地的习惯、衣着和个人魅力，他成为无数卡通动画的主角，这很好地说明了困惑的英国同代人如何试图理解他。有一部优秀的合集，请参阅 *Gandhi in Cartoons* (Ahmedabad, 1970)。